役者なんか おやめなさい

84歳、日本を代表する名優が語る、
60年余の舞台人生

仲代達矢

SUN POST

「ご覧なさい、これとこの絵を。二人の兄弟の肖像だ」……。
『ハムレット』の一節が響きわたる無名塾の稽古場。塾生の声の抑揚ひとつにまで、仲代さんの指摘は抜かりない。

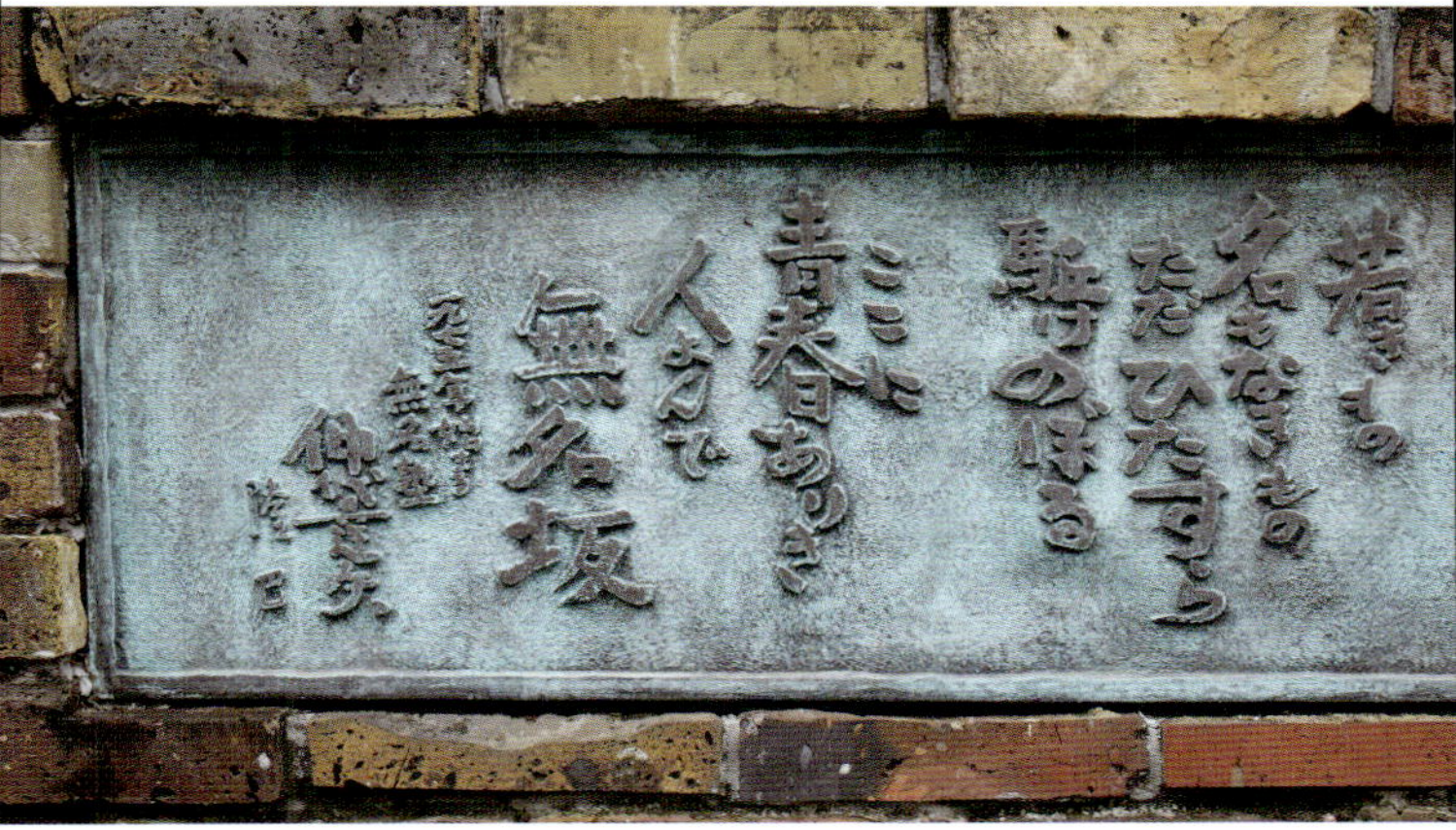

閑静な住宅地に立つ「無名塾 仲代劇堂」。
レンガ造りと直筆の碑が印象的だ。

無名塾公演。
左上から『授業』(2013年)、『炎の人』(2011年)、『バリモア』(2014年)。
撮影：石川純

『炎の人』では絵画への情熱と狂気に生きた画家、
ゴッホを熱演した。

ニューヨークのエセル・バリモア劇場前にて。

『日本の悲劇』(2012年)クランクアップ時の記念写真。
仲代さんの右隣は小林政広監督。その右隣は息子役の北村一輝氏。

役者なんかおやめなさい

仲代達矢

インタビュアー　坂梨直子

二〇一六年、無名塾 仲代劇堂にて。

「実は、講演とかインタビューというのはあまり得意じゃないんですよ。芝居みたいにセリフがあればいいのですけれども……」

日本映画界が活気に満ち、勢いづいていた一九六〇年代、黒澤明や小林正樹、岡本喜八など著名監督の作品で多数主演。映画だけでなく舞台俳優としても活躍してきた仲代達矢さん。今なお活動は精力的で、その姿勢には演じることに対する飽くなき探求心が窺える。稀代の名優が六〇年以上に及ぶ役者人生と戦争体験者としての思いを、眼光鋭く静かに語った。

目次

第一章　クラシック俳優、ニューヨークへ飛ぶ……17
第二章　軍国少年の叛逆……31
第三章　三度の飯より映画に夢中……47
第四章　役者は命がけ……69
第五章　人斬りジョーがつかんだ成功……79
――インターミッション……90
第六章　「無名塾」と歩んだ四〇年……105
第七章　スモールビューティーの時代へ……123
第八章　役者という商売……141

撮影：清水信吾

2016年10月。アメリカの名門イェール大学にて。
上は図書館でのワンシーン。
下は上映会後、熱心な学生たちと交流する様子。

第一章　クラシック俳優、ニューヨークへ飛ぶ

ブロードウェイのミュージカルもそうですが、
本当にいいものは時空を超えて長く残るんですよ。

「今年、二〇一六年は小林正樹(＊1)監督の生誕一〇〇年ということで、各地でさまざまな催し物があったようですね。小林作品に欠かせない俳優である仲代さんは、引っ張りだこだったのではないでしょうか」

「そうですね。小林さんは私の育ての親ともいえる存在でしたから、国内だけでなく海外の講演会にも呼ばれまして、韓国を皮切りにニューヨークなど、さまざまなところで講演してきました」

「それは大忙しでしたね」

「今までもアメリカには大体一年に一回くらい呼ばれていましたが、今回はイェール大学に『切腹』（一九六二年）、向こうでは『ハラキリ』……それと岡本喜八(＊2)監督の『殺人狂時代』（一九六七年）の二本を持っていき、満員で観ていただきました。

　そこに四日ほど滞在してニューヨークに戻り、ジャパン・ソサエティー(＊3)で勅使河原宏(＊4)監督の『他人の顔』（一九六六年）。それから、ここも毎年呼んでいただいている映像博物館で、岡本監督の『大菩薩峠』（一九六六年）を上映しました。まあ半分仕事なんですが、あとの半分は芝居を一六本観てきたんですよ（笑）」

「一六本もですか!?　一年間でもなかなか観ない本数ですね」

「ロングランも多いので何度も観たものも多いのですが……まあ、みなさんご存じの『オペラ座の怪人』。これは初演から観ているので三回目ですね。『キャッツ』も前に観たし、『屋根の上のバイオリン弾き』も観たし（笑）。『ジャージー・ボーイズ』も三回目で、あとは子役の……『マチルダ』とか『スクール・オブ・ロック』。新しいのはタイトルをすぐ忘れちゃうね（笑）。それから歌手のキャロル・キングを描いた『ビューティフル』」

「聞いているだけで目が回りそうです」

＊1　小林正樹：一九一六〜一九九六年。映画監督。松竹大船撮影所にて木下惠介の助監督となり、一九五二年『息子の青春』で監督デビュー。代表作『人間の條件』は国内外で各賞を、『切腹』『怪談』でカンヌ国際映画祭審査員特別賞を受賞した。
＊2　岡本喜八：一九二四〜二〇〇五年。映画監督。一九四三年東宝に入社。復員後、助監督を経て監督となる。一九五九年『独立愚連隊』が評判となり、以降シリーズ化された。
＊3　ジャパン・ソサエティー：一九〇七年ニューヨークに設立された非営利の日米交流団体。日米の相互理解と友好関係構築を目的とし、演劇公演や映画上映、講演会などの催し物を活発に行っている。
＊4　勅使河原宏：一九二七〜二〇〇一年。華道家、映画監督。前衛生け花を発表するだけでなく、映画や舞台美術なども多く手がけた。草月流三代目家元。

「あと『キャグニー』っていう、ぼくらが子どもの頃大スターだったジェームス・キャグニーっていう役者の生涯を描いたもの。それから『フランケンシュタイン』。まあ、講演しながらこれだけの作品を観たわけですが、疲れませんでしたからね。楽しかったのだと思いますよ」

「ニューヨークの舞台はどうでしたか」

「ブロードウェイで観るのは、ほとんどミュージカルですよね。一般的な演劇……つまりストレートプレイは、チェーホフの『桜の園』くらいでした。もちろん、配役や演出はその都度変わるのですが、『オペラ座の怪人』なんかはロングランで四〇年近く上演されているわけです。だから、新劇(＊5)をやってるぼくとしては、役者の技とかお金のかけ方。そんなことを考えました。

　向こうでは作品を撮るとき、こういう本でこういう役者を使って、こういう演出家でやるけどどうだ、って出資を募るんです。極端な話、肉屋の親父までが投資するんですね。だから、その作品が『オペラ座の怪人』みたいに当たるとすごい大金持ちになる。ある意味ショービジネスですよ。逆に、初日にニューヨーク・タイムズやワシントン・ポストで叩かれると一日でポシャってしまう。世界を相手にそうやって競って作るわけですから、自然とレベルの高いものになるのでしょう。日本の新劇はそういうことを一切やりませんから」

「とはいえ、仲代さんがニューヨークに持っていった映画作品は、世界に誇れるものだと思います」

「自分で言うのも何なのですが、ニューヨークには私のファンがいっぱいおりまして、『切腹』を二〇回観ましたっていうファンもいましたよ」

「それは熱烈なファンですね」

「日本よりあっちのほうが人気あるね、俺(笑)。今回行ったイェール大学は、ニューヨークから一時間半ほど離れたコネチカット州にあるんですが、役者のポール・ニューマン(*6)や映画監督のエリア・カザン(*7)、それから、この前の大統領選挙で落ちちゃった……」

「ヒラリー・クリントン」

＊5　新劇：旧劇（歌舞伎、能、狂言）に対する新演劇、新興演劇。明治末期、坪内逍遥や島村抱月を中心に結成された文芸協会、小山内薫や二代目市川左團次を中心に結成された自由劇場などが中心となり、写実的で芸術志向の演劇を目指した。
＊6　ポール・ニューマン：一九二五〜二〇〇八年。アメリカの俳優。代表作『傷だらけの栄光』『ハスラー』。
＊7　エリア・カザン：一九〇九〜二〇〇三年。トルコ出身の映画監督。代表作『欲望という名の電車』『エデンの東』。

「そう（笑）。彼女も通っていたという有名な大学ですよ。ヨーロッパ風の古い学生街みたいな雰囲気でね。日本の大学と違うのは、演劇科なり映画学科なりがあるんだけど、日本専門とかアフリカ専門っていうように、専門が細かく分かれてるんです。

私は大学に行ってないので詳しくはわかりませんが、でっかい図書館で学生が朝から晩まで勉強してるのを見て、日本の大学生も一所懸命やらなきゃとてもダメだなと感じました。ある意味、自由にやっているんでしょうけど」

「『切腹』を二〇回観たというファンがいたようですが、石濱朗《いしはまあきら》（＊8）さん演じる千々岩求女《ちぢいわもとめ》が、三國連太郎（＊9）さん演じる井伊家の長老、斎藤勘解由《かげゆ》に竹の刀……竹光《たけみつ》で切腹させられるシーンは、二回チャレンジしましたがとても正視できませんでした」

「一九六三（昭和三八）年、カンヌ映画祭（＊10）で上映したときはフランス人の女性が失神していましたからね。黒澤明（＊11）監督もそうですが、小林さんは『こう撮りたい』ということに対する執念がすごいんですよ。言葉を換えれば非常にしつこいんです（笑）」

「長いですよね。終わったかな、と思ってうっすら目を開けるとまだやっていて……」

「あのシーンに関しては、木下恵介(*12)さんも『しつこい』って言っていましたからね(笑)。でも、こないだイェール大学で上映したときには、あの映画でお客さんが笑うんです」

「えぇーっ!」

「確かに悲惨な話ですよ。竹光で腹切るような芝居ですから。でも『怖い!』って緊張の中にフッと気が抜ける瞬間があるんです。地が出ちゃうんでしょうね(笑)。芝居をフッと抜くとお客もホッとするらしいんですよ」

「私は武士社会への強烈なアンチテーゼとして、深刻に捉えてしまいました(笑)。ところで『切腹』は仲代さんが二九歳のときの作品ですが、貫禄がすごいですね」

＊8 石濱朗：一九三五年〜。俳優。一九五一年『少年期』で映画デビュー。松竹のスターとして活躍するだけでなく、テレビドラマにも数多く出演。『水戸黄門』では初代助さん役を務めた。

＊9 三國連太郎：一九二三〜二〇一三年。俳優。一九五一年『善魔』で映画デビュー。代表作『復讐するは我にあり』『釣りバカ日誌』など。一九八四年紫綬褒章、一九九三年勲四等旭日小綬章受章。

＊10 カンヌ映画祭：カンヌ国際映画祭。一九四六年よりフランス政府が開催している世界的な映画祭の一つ。

＊11 黒澤明：一九一〇〜一九九八年。映画監督。代表作に『羅生門』『生きる』『七人の侍』など。海外でも評価が高く「世界のクロサワ」の異名を持つ。称号は文化勲章、文化功労者ほか。没後従三位、国民栄誉賞。

＊12 木下恵介：一九一二〜一九九八年。映画監督、脚本家。一九四三年『花咲く港』で監督デビュー。一九五一年、日本初の長編カラー映画となる『カルメン故郷に帰る』を発表。代表作『二十四の瞳』『楢山節考』など。

「三國さんは一〇歳年上の三九歳でした。私は二一歳で俳優座(*13)という劇団に入ってから、それはいろいろな役をやりました。主役から通行人、八〇歳から幽霊までね。そこで身に付けたのが声色の使い分けです。私の演じた津雲半四郎は五〇歳の浪人ですから、雰囲気を出すためには低音がいいと思い、自分の出る一番低い声を使いました」

「半四郎は、女婿である求女が理不尽な死を遂げた後、貧困から娘と孫まで失ってしまうわけですが、その怒りと復讐心のこもった、のどから絞り出すような声でしたね。半四郎がいよいよ井伊家に刀を振るう、手に汗握るラストの立ち回りも圧巻でした」

「あれは竹光ではなく、本身《ほんみ》を使っているんですよ」

「本身とは、真剣ですか?」

「そうです。先ほども言ったように、小林さんは作品に対する執念がすごくてね、だからこそ素晴らしい作品を数多く残したのですが……軽い竹光と違って、本身は重いので一度斬りに行ったら止まらないんです。だからまさに真剣勝負ですよ」

「腕をクロスさせた構えが独特ですね」

「あれは剣道の形を応用しました。当時は三船敏郎(*14)さんや萬屋錦之介(*15)さん、『切腹』に出ている丹波哲郎(*16)さんなど、チャンバラの名手がたくさんいたんです。だから庭に小屋を建てて、毎日猛烈に稽古しましたね。チャンバラでは斬られ役も重要で、こっちが刀を振り回しているだけでも、きれいに倒れてくれるとそれだけで引き立つんです。今の時代劇でも、腕のいい斬られ役による恩恵は大きいと思いますよ」

「武満徹(*17)さんによる音楽も印象的でした。タケミツというと何だか洒落みたいですが(笑)」

＊13　俳優座：文学座・劇団民藝と並び、日本を代表する新劇団の一つ。一九四四年、青山杉作、千田是也、東野英治郎、小沢栄太郎、東山千栄子、岸輝子らによって設立された。

＊14　三船敏郎：一九二〇〜一九九七年。俳優。一九四六年東宝に入社。一九四八年『酔いどれ天使』への出演を機に、黒澤明作品に欠かせない俳優として活躍。ヴェネツィア国際映画祭男優賞を二度受賞するなど世界的な評価も高い。代表作は『羅生門』『赤ひげ』など。

＊15　萬屋錦之介：一九三二〜一九九七年。歌舞伎役者、俳優。一九三六年中村錦之助の芸名で初舞台。のちに映画に転向し、『笛吹童子』『里見八犬伝』などで人気を博した。

＊16　丹波哲郎：一九二二〜二〇〇六年。俳優。戦後、外務省嘱託としてGHQの通訳などを務めた後、俳優デビュー。以降、映画やテレビで多くの作品に出演した。心霊研究家としても活躍し、著書『大霊界』シリーズはベストセラーになった。

＊17　武満徹：一九三〇〜一九九六年。作曲家。一九五七年、東京交響楽団の委嘱で『弦楽のためのレクイエム』を作曲。二〇世紀を代表する作曲家と目されている。

「演劇とか映画……特に映画は総合芸術なんです。だから一人では決して作れない。あの作品は、小林監督をはじめ、橋本忍[＊18]先生のシナリオ、演出、カメラ、大先輩である共演者、音楽……で作り上げたものだと思っています。カンヌ映画祭では審査員特別賞でしたが、グランプリ候補とまでいわれましたからね」

「仲代さんご自身が代表作を挙げるとしたら『切腹』だとおっしゃっていたと聞きましたが、上映から五〇年以上経つ今もなお色褪せない、ブロードウェイのミュージカルに負けない作品だと思います」

「ニューヨークで『切腹』について聞かれたとき、『偉大なるクラシック映画を観たような気がします』って答えて拍手されたんだけど……八〇過ぎてから、自分の出た映画を割と引いて観られるようになったんです。若い頃はただ下手くそだなと思って観ていましたが、最近、いい映画はやっぱり時空を超えるんだな、と思いますね。

二年くらい前、アメリカで〝大きなスクリーンで映画を観よう〟という運動がありました。今はテレビやパソコンで映画を観るのが主流になってきてるけど、画面が小さいから迫力が違うんですよ。だから、かつての名作をどんどん映画館で上映してほしいですね」

「パソコンやスマートフォンで手軽に音楽を聴き、映画までも観ることができるようになったことが、かえって、特に若い人が古い作品に触れる機会を奪っている気がします。情報過多だと、つい新しいものを追いがちになりますから」

「わざわざ外に出る必要もないし、気に入らなかったらすぐに観るのをやめられますからね。作り手も効率優先になってきていますし。私が思うに、確かに演劇のようなライブはお客さんも減っているし、これからもっと少なくなるかもしれない。だけど、テレビなんかよりは生き残るんじゃないかと。王政復古じゃないけと……古いものがまた見直されることを願いますね」

「日本の映画や演劇界の状況は、この数十年でガラリと変わっています」

「二年前、ニューヨーク・タイムズの人に『最近、日本の映画がどうもね……』と話したら、『いやあ、アメリカもそうなんです』って言ってましたが、日本だけでなくそれが時代の流れなの

＊18　橋本忍：一九一八年〜。脚本家、映画監督。一九五〇年『羅生門』が映画化第一作に。以後『生きる』など初期黒澤作品を共同執筆。テレビドラマ『私は貝になりたい』は、のちに自身の監督で映画化された。

でしょう。ＣＧを使ったアクションものはすごいけどね。

最近〝偉大なるクラシック〟っていう言葉をよく使うんですが、常に新しいものが出てきても、本当にいいものは長く残ると思うんですよ。ぼくは若い頃、そんな外国の名作を観て育ち、幸運にも日本映画界の全盛期に役者として多くの作品に出ることができた。これは大きな勲章です。だから自分たちも、次世代のためにそんな作品を作らないといけないと思っています。

ぼくはもう歳だから、〝八四歳 クラシック俳優〟としてね……偉大とは言えないけど（笑）」

仲代さんを抱く父、忠雄さん。

6歳、津田沼の自宅前にて。
右は弟の圭吾さん。

1945年、仙川へ学童集団疎開した時の集合写真。
前から2列目の左端が仲代さん。最後列右端が江良顕三郎先生。

第二章　軍国少年の叛逆

今までさんざん「お国のため」と言ってきた大人たちが一夜にして親米派に。
そこから世の中に対する不信感が生まれました。

「『ザ・インタビューズ』は、戦中戦後を生きてきた人生の先輩方からお話を伺うシリーズなのですが、やはり気になるのは戦争体験です。仲代さんからもぜひお聞きしたいと思います」

「そうですか。私はまさに戦中派ですからね」

「お生まれは一九三二（昭和七）年ですね。この年には上海事変や五・一五事件、前年には満州事変があり、戦争は始まっていないにせよ緊迫していた時勢だったと思います。おいくつくらいから戦争の記憶が残っていますか」

「私は目黒区の五本木に生まれ、小学校……当時は国民学校初等科といいましたが、その五年のときに集団疎開をしました。ちょうど帰ってきたときに東京大空襲に遭い、中学一年のときに終戦を迎えたんです」

「東京大空襲は一九四五（昭和二〇）年三月一〇日。仲代さんは年齢的に召集されていないですよね」

「はい。私の年齢では、ぎりぎり少年航空兵(*19)を志願するくらいでした。ただ、ほとんど毎日空襲ですからね。兵隊にこそ行っていませんが、今日やっと生き延びたかと思うとまたB29が飛んできて……というありさまです。

その頃、私は渋谷から東武東上線の中板橋にある中学校に通っていましたが、空襲があると通学途中でも引き返すわけです。丸焼けになった死体が転がっている新宿を歩いて……今まであまり話さなかったことなのですが、東京大空襲があった年の五月に山手空襲というのがあって、青山や原宿あたりがやられたんです。その日の夜、私はちょうど友達の家を訪ねようとしていて、焼夷弾がどんどん落ちてくる中を逃げ惑いました。そこに、まだ一〇歳になるかならないかの女の子がいて……全然知らない子ですよ、その子の手を引っ張って一緒になって逃げました。

するとね、気が付いたら手が軽いんですよ……見ると腕一本だけ持っていました。あまりのショックで捨てちゃったんですが、それをいまだに後悔しています」

「……」

「まあ、これはいろんなところで話していますが、一九四五年八月に広島と長崎に原爆が落

＊19　少年航空兵：陸軍と海軍の航空兵のうち、徴兵ではなく志願により採用された成人未満の生徒のこと。陸軍の陸軍少年飛行兵（少飛）と海軍の海軍飛行予科練習生（予科練）があった。

ちて、玉音放送が流れて、八月一五日ついに終戦になるわけですね。そうしたら、それまで『日本は神風が吹く』だの『進め一億火の玉だ』だの、『いざ来いニミッツマッカーサー[*20]』と言っていた大人たちがね、その日を境にして突如として親米派になってしまった。ぼくらはずっと軍国教育を受けて、絶対日本は勝つんだって少年時代思っていたわけですよ。各学校に将校がいて、兵隊訓練やらされてきてね。

それが、あれほど国のために死ねと、神風が吹く国だ、日本は絶対負けないんだと言って、アジア共栄圏を守るために世界を相手にして戦ってきたのに、一日にしてそれが覆ってしまった。だから、当時中学一年でしたが、子ども心に人間不信に陥りましたね。大衆って、人間って、こんなに簡単に変わるものかと。そこで、いくら民主主義だと言われても信じられませんでした。もう大人たちと政治に対する不信感でいっぱいでしたから」

「その後俳優になるにあたり、その不信感が影響している部分はありますか」

「いろいろ調べてみるとね、私はのちに新劇の役者になるわけだけど、新劇っていうのは戦争中、軍国政治から圧迫を受けてるんですよ。千田是也《せんだこれや》[*21]とか小沢栄太郎[*22]とか、東野英治郎[*23]とか、新劇の先生たちは自分たちの主張を守ったがために**み**な監獄に入れられています。小説もそうですが、当時は検閲官っていうのがいて、言論統制で脚本は伏せ字ばかり。自由って言葉まで口パクにさせられた時代ですよ。ゴーリキーの『どん底』っていう芝居に『人間は自由だ』っていうセリフがあるんですが、それを言うだけで捕まるんです」

「信じられません。つまり当時は〝自由〟な世の中ではなかったということですね」

「新劇は、明治時代に坪内逍遥(＊24)さんたちが起こしたものですが、既存のものに対する抵抗というかアンチというか、そういう精神から生まれたものですからね。もちろん歌舞伎や能、

＊20 いざ来いニミッツマッカーサー：軍歌『比島決戦の歌』の一節。アメリカ陸海軍の総司令官、マッカーサーとニミッツの名の後に「出て来りゃ地獄へ逆落とし」と続く。作詞は西條八十。

＊21 千田是也：一九〇四～一九九四年。俳優、演出家。一九四四年俳優座を創設。ベルトルト・ブレヒトの戯曲の翻訳・上演など、戦後の新劇運動において指導的役割を果たす。

＊22 小沢栄太郎：一九〇九～一九八八。俳優、演出家。東京左翼劇場、新協劇団を経て、千田是也、東野英治郎らと俳優座を創設。その中心として活躍した。

＊23 東野英治郎：一九〇七～一九九四年。俳優、随筆家。新築地劇団を経て小沢栄太郎、千田是也らと俳優座を創設。テレビドラマ『水戸黄門』の初代黄門役でも知られる。

＊24 坪内逍遥：一八五九～一九三五年。評論家、小説家、劇作家。近代日本文学の成立や演劇改良運動に大きな影響を与えた。代表作に『小説神髄』のほか、『シェークスピア全集』の翻訳がある。

狂言などの伝統芸能は素晴らしいものですが、シェークスピアなどの劇文学が西洋から入ってきて、新しいものを作り上げようという気運が高まることは、当時の軍国政治としては困るんです。自由な発想の文学性や演劇性というのはね」

「そういう点からも、仲代さんが新劇に進んだのは必然だったのかもしれませんね」

「ちょうど私が生まれたくらいのときが新劇の過渡期でした。ところで、私は八歳のときに父、忠雄を結核で亡くしまして、家が非常に貧乏だったんです」

「当時結核で亡くなる方は多かったようですね」

「不治の病でしたからね。で、母親の愛子と長男の私、次男、長女。そして義母と父との間の子である姉の五人が、戦争中かろうじて生きていくわけです。日本中貧しかった時代でしたが、その中でも私の家は特に貧乏でね。戦争中の食べ物はほとんど芋の蔓《つる》とかですよ。弁当は封筒に入れた脱脂大豆。当時は大豆から油を抜いて飛行機の燃料にしていたので、その残りかすの脱脂大豆を食べていました」

「空腹を紛らわせるような娯楽はあったのでしょうか」

「ほとんどないですよね。映画も国策映画がたまにあるだけだし。集団疎開したときもラジオ一つなく、一組三〇人くらいがお寺の本堂に寝て暮らしていました。中学一年で東京に帰ってきたらラジオはあったので、落語や講談、浪花節、漫才などを、ピーピー鳴る音の悪いラジオに家族で耳をくっつけて聞いていましたが、それがまあ唯一の娯楽ですかね」

「子どもなら外で思いっきり遊びたいところでしょうが……」

「毎日空襲ですからほとんどできないですね。病気をして亡くなる子も多かったですよ。だからね、今の若い人たちとは違って非常にひねくれた状況で育ちましたから、考え方もひねくれてるんです。終戦後も読んでいたのは太宰治(*25)や坂口安吾(*26)だしね。人間の矛盾とか、光と影とか、文学作品でもそういうものを題材としたものに惹かれましたね」

「子ども心に、将来に対する夢はお持ちでしたか」

「夢はもちろん戦争に勝つことですよ。最終的に負けるとしても一億玉砕、ということを徹

*25 太宰治：一九〇九～一九四八年。小説家。代表作『走れメロス』『人間失格』など。坂口安吾らとともに無頼派と称される。山崎富栄と玉川上水で入水自殺。

*26 坂口安吾：一九〇六～一九五五年。小説家。一九三一年『風博士』を発表。反俗無頼の心情を基調とした作風で無頼派と呼ばれる。代表作『堕落論』『白痴』など。

底的に叩き込まれ死に方まで教わりましたから。ただ、私の五年くらい先輩で兵隊に行った人たちはね、戦争が終わってほっとしたらしいですよ。一一歳の我々とは全然違う思いがあったんでしょうね」

「では、軍国少年として『お国のために死ぬんだ』という気持ちは間違いないものとしてあったと……」

「それはそうですよ。小学校の校門には天皇陛下の写真があって、毎日それに最敬礼して入っていきましたからね。戦後マッカーサーが来て天皇は象徴になり……天皇は東條英機以下の軍国政府に利用されたという話もありますけど……本当のことは闇に葬られているのでしょう。まあ、空鉄砲を抱えて行進するとか、毎日のようにそういうことをやっていましたし、役者になって『人間の條件』という映画に出たときも、その経験が生きていますね。

ちょっと話は飛びますけど、もう三〇年ほど前、黒澤明監督で『乱』(一九八五年)という映画を撮りました。親子の戦いを描いた作品なんですが、黒澤さんは『仲代くん、これは俺の遺言書なんだよ』と。『はあ、どうしてですか』って聞くと、『親子ですら戦うんだ』と、そう言うんですね」

「確かに。シェークスピアの『リア王』の翻案で、親子兄弟で血を流し合う話ですね」

「はい。だからあの映画は、神が人間の世界を俯瞰した、人類の愚かさを描いたものなんだと。人間は絶えず世界のどこかで戦争をやっているし、人類が滅亡しない限り戦争はあるんだろうから、それに巻き込まれたくないねと……大体〝国を守る〟という考え方から戦争は始まるんだとおっしゃっていましたね」

「国や領土を奪い合う戦いは今も絶えませんね」

「我々は、兵隊さんが玉砕したり、学生がいろんなところで死んだり、原子爆弾を落とされたりという戦争体験を持っている最後の世代です。焼かれて真っ黒になった人がバーッと倒れている中を歩いて学校に通い、空襲警報が鳴ると引き返して家に帰る。そういう実体験をしてきました。今の若い人にそういう感覚を持てと言っても無理かもしれません。でも、戦争ではイデオロギーとか何とかいう以前に毎日人が死んでいく。人間は所詮、生まれて生きて死んでいくわけですけど、戦争で死ぬなんてことは、あるまじきことなんですよ。

私は無名塾っていう私塾で若い人たちをそばに置いていますが、やっぱり彼らにそんな実感はありません。ぼくがしょっちゅう話しているから頭では理解しているかもしれませんけどね。でも体験がないとはいえ、役者はいろんな物語の中に入り込んで演じないといけない。時には兵隊となって戦う役もあるでしょう。だから推理力とか想像力を働かせれば、体験しなくても絶対わかる、ということは若い人に常に話しています」

「戦後七〇年間、太平の世というか……幸いにも平和な時代が長く続いて、一九六〇年代にはベトナム戦争に対する反戦運動が盛り上がったものの、基本的に日本人は安心して日常生活を送れたわけですよね。ただ、どうも最近、そうもいかないのかなっていう……」

「そんな気がしますね。空気が。そうじゃなければいいなとは思いますけれども。私が生きてる間はともかく、次世代がね。私には子どもはいませんが、無名塾の若い子たちは自分の子どもみたいなものですから」

「政治に対する国民の不信感は、今も昔も変わらないような気がします」

「やっぱり今の政治家はね、〝戦争を知らない子どもたち〟でしょう。ベトナム戦争でも朝鮮戦争でもね、軍需産業でずいぶん日本の景気はよくなったわけで、戦争にこそ参加しなかったとはいえ、加担したのと変わりないんですよ。でもまあ、いちおう七〇年間は戦争がなかったわけですから、総理大臣がいい加減でも、コロコロ代わってもいいじゃないかと。

それより、強い権力者が一人出てきたほうが危ないんです。そういうのが『こうだ!』って言うと、民衆はついていっちゃいますからね。我々もそうでした。一億玉砕、天皇陛下のために死ぬんだ、日本は絶対負けないんだって。最後に沖縄を取られたときですらそう教わっていたわけです。だから、結局広島と長崎に原子爆弾を落とされて敗戦になったわけですが、一日にして一躍親米派になった大人に対する不信感はいまだに残ってますよ。

確かに、世界中が平和で明るくて……というのはなかなか難しい。人間の欲望や愛憎がある限り、絶えずどこかの国で戦争してるわけですからね」

「黒澤監督が『乱』に込めた思いですね」

「逆に言うと、戦争って簡単に起こりやすいものなんです。だから、ケンカは自分の心の中ですればいいだろうと。それしか戦争を否定する方法はないんじゃないでしょうか。向こうから仕掛けられたからって仕返ししてたらすぐに戦争ですよ。

私がアメリカに行って、『広島、長崎に原爆を落としただろう』と言うと、『何だ、お前たちが先に真珠湾を攻撃したんじゃないか』って返されます。相当の文化人であってもそうですからね。いまだに原爆は容認してますし。私は原発を含めて原子力はやめたほうがいいと思いますよ。遺言としておきますけれど」

「戦いで戦いを終わらせることはできないのですよね」

「だから、人に対しては寛容という言葉を貫くべきだと思うんですよ。変な話ですけどね、私が世界で一番尊敬する人物はガンジー(*27)、それとキリストです。戦争っていうのは基本的に仕返しですから、ガンジーやキリストのように寛容な精神、右の頬を打たれたら左の頬を差し出せ(*28)という、そういう心がないと争い事はなくならないでしょう。

とにかく、ケンカしそうになったら謝ることですよ。何度も言うようですが、ぼくが中学一年のとき、新宿で身体がねじ曲がって黒こげになった死体が何十とある中を歩いて学校に通った、その経験を思うとね。すみませんでいいじゃないですか、どんなに恥かいても平和のほうがいいですよ」

＊27 ガンジー：マハトマ・ガンジー。一八六九～一九四八年。「インド建国の父」として知られるインドの宗教家、政治指導者。イギリス統治下にあったインドで、「非暴力・不服従運動」を唱え独立へと導いた。七八歳のとき暴徒に暗殺され、生涯を閉じた。

＊28 右の頬を打たれたら左の頬を差し出せ：『新約聖書』「マタイによる福音書　第五章三九節」の言葉。「悪人に手向かってはならない。だれかがあなたの右の頬を打つなら、左の頬をも向けなさい」

俳優座の舞台『ハムレット』(1964年)。右は東山千栄子氏。
撮影：後藤勝一

1952年。俳優座養成所１年生のとき、仲間たちと。
右端は同期の佐藤慶氏。その左が仲代さん。

1953年。右端が仲代さん。左隣は養成所同期生の宇津井健氏。

『東海道四谷怪談』(1964年)では、幽霊となったお岩に復讐される
伊右衛門を演じた。右は大塚道子氏。
撮影:蔵原輝人

競馬場やパチンコ店など、さまざまなアルバイトを
経験した俳優座養成所時代。写真はバーテンダーを
していたときのもの。

第三章　三度の飯より映画に夢中

人間とは、人生とは何だろうと考えながら、
夜明けまで、映画館から何時間もかけて歩いて帰りました。

「仲代さんが映画や芝居に出合ったきっかけは何ですか」

「終戦後にアメリカやヨーロッパの映画が日本にどっと入ってきたんです。まあ、今まで敵国だった国の物語なわけですけど、これが面白くてね。一〇代後半に夢中になって観ました。終戦後一〇年くらい、日本人はいろいろな意味で飢餓状態でしたからね。そもそも、おふくろも親父も映画好きだったんです。親父が生きていた頃は千葉県の津田沼に住んでいたんですが、隣駅の船橋にある映画館に、親父に肩車されてしょっちゅう連れていかれました。タイトルはわかりませんが、田中絹代[*29]さんの映画を観たことだけは覚えています」

「当時の映画料金はどのくらいだったのでしょう。一〇代では相当な出費ではないですか」

「映画館によっても違いましたが一〇〇円くらいですね。終戦後は京王線の千歳烏山に住んでいましたが、同じ沿線にあった笹塚館というところでは九九円でした。一〇〇円だと税金がかかるからでしょう。もちろん貧乏ですから三食を二食にしましたし、映画を一、二本観ると電車賃がなくなるので何時間もかけて歩いて通いました。家に着く頃には夜が明けちゃうんですけど、それでも観ましたね」

「千歳烏山と笹塚は、今の路線では八駅離れていますね。すごい情熱です。特に感銘を受けた作品は何ですか」

「『大いなる幻影』や『駅馬車』、それから『誰が為に鐘は鳴る』などですね」

「そのときから役者を目指し始めたのですか」

「いや、まさか自分が役者になるとは思わなかったですよ。小さいときから引っ込み思案で、卒業写真も後ろのほうで顔半分くらいしか見せないような子でしたから。それに、生まれてから三つまでウンともスンとも言わなかったらしいですよ。この子は口がきけないんじゃないかと親が医者に診せたというくらいですから、もともと役者向きじゃないんですよね」

「その内気な仲代少年が、なぜ役者に？」

「先ほども申しましたが、私は一九四一（昭和一六）年に父親を亡くしまして、母親の愛子と長男の私、シャンソン歌手になった弟と、妹、そして父と前妻の子である姉と、五人残されるわけですね。津田沼では職もないので、とりあえず東京に出ようということになったのです

＊29　田中絹代：一九〇九～一九七七年。女優。一四歳で映画界に入り清純派スターとして活躍。小津安二郎、溝口健二ら巨匠監督の作品に数多く出演。自ら監督も務めた。小林正樹は又従弟に当たる。代表作『愛染かつら』など。

が……いやあ、不思議なことにですね。今私はこの岡本町（東京都世田谷区）にいるんですが、昔はここから五〇メートルほど先に三軒長屋があって、戦争中その一軒を借りて住んでいたんです」

「すごい偶然ですね」

「隣はお豆腐屋さんでね。で、おふくろは用賀の料理屋で皿洗いやって、私と弟は近くの京西小学校に通いました。結局それではどうにも食えなくて、おふくろは新聞広告を見て青山南町の弁護士事務所に応募したんです。夜には従業員がみんな帰っちゃうので留守番で住んでもいい、家族がいてもいいっていうものですから。そこに採用されたので青山に移り、私は渋谷の青南小学校に転校しました。

津田沼にいたときは津田沼小学校、習志野小学校……つまり小学校が全部で四つ替わったわけですが、青南小学校は本来エリート校でして、同級生には山本五十六（＊30）さんの息子や、終戦後切腹した阿南惟幾《あなみこれちか》（＊31）さんの息子がいました」

「それは……錚々《そうそう》たる家の子が集まっていたのでしょうね」

「高級軍人とか実業家とかね。五十六さんの息子は亡くなりましたが、阿南さんの息子とはまだ交際が続いていて、彼は今でも私の芝居を観に来てくれています。まさに軍国政治の連中の子どもたちが通っていた学校だったので、君たち貧乏人は来ちゃいけない、なんて先生に言われましてね。おふくろが怒っちゃってね。

小学三年くらいでそこに入って、四年から戦争が激しくなって……もちろん、そのまま東京にいてもいいし、個人でどこかへ疎開してもよかったのですが、我々は金銭的に全く余裕がないので集団疎開に行きました。疎開に出たのは五〇人いた中で約三分の二くらいだったと思います。親友だった五十六さんの息子や阿南さんの息子は残留組で入っていませんでした。

疎開先は仙川というところです。昔は北多摩郡（現・調布市）といいましたが、今は東京都ですね。何でそんな近いかっていうと、親がなるたけ通って物を運べるようにですよ。違法だと思うんですが何せエリート校ですからね。そして、昌翁寺《しょうおうじ》というところで過ごし、江良（顕三郎）先生という素晴らしい先生に大変お世話になりました。ただ、調布に飛行場があっ

＊30　山本五十六：一八八四〜一九四三年。海軍軍人。最終階級は元帥海軍大将。前線視察の際、ブーゲンビル島上空で戦死。
＊31　阿南惟幾：一八八七〜一九四五年。陸軍軍人。陸軍大将正三位勲一等功三級。一九四五年八月一五日早朝、自害。

て……仙川と調布って近いんですよ。だから疎開してるのに逆に空襲があるっていう（笑）。弟は仙川より先の金子（現・つつじヶ丘）っていう駅の近くのお寺に疎開しました」

「疎開中、お母様と会う機会はあったのですか」

「ありませんね。昭和二〇年の三月、小学校を卒業して東京に帰ってきたとき、二年ぶりに会いました。すると……まあ複雑な事情がありましてね、私に弟ができていたんです。

中学は東武東上線の中板橋にある工業学校に入りました。満員電車の上に張りついて通いましたけど、毎日空襲でしたからほとんど行っていません。終戦後は世田谷の工業学校に移って、中学はとりあえず卒業したのですが、高校に行く段となったら家に財力がないものですから、昼間は千歳烏山にある中学校の給仕をやりました」

「給仕、私の頃は用務員といいましたね」

「そう、用務員。職員室で先生のお茶汲みをしたり謄写版で試験を刷ったりしていました」

「いわゆるガリ版ですね。コピーがなかった時代ですものね」

「そして、当時は十二中といいましたけど、都立千歳高校（現・芦花高校）の夜間部に入りました。昼間は……烏山中学校と松原小学校だったかな。そこで給仕をして、働きながら四年間通ったんです。でも夜間部って、昼間働いてから来るわけだから、授業中ほとんどみんな寝てるんですよ。それが当時の夜間部の先生はえらくて、試験を白紙で出しても点を付けてくれました。かわいそうだと」

「勤労学生に対する理解があったのですね」

「今も夜間部っていうのはあるんでしょうけどね。で、授業は夕方五時から始まって九時に終わるんですが、ぼくの同期に墨田工業高校っていう、当時東京で一番バスケットボールが上手い学校から入ってきたのがいたの。それで、学校は授業が終わった後も体育館に明かりを点けてくれたんですよ。そこで四年間、夜中の一二時か一時くらいまでバスケットをしたのが夜間部での一番の思い出。小学生のときは組で二番目に小さかったぼくが一メートル七五センチまでになって、バスケットってすごいんだなあと思いましたね。昼間働きながら通うのはしんどかったですが、そのとき初めて学生気分っていうのを味わいました」

「卒業後に何をするか、目途は付いていましたか」

「本当はサラリーマンになりたかったんですが、当時は大学出ても就職難でしたからね。高校の夜間部出たくらいじゃ話にならないんです。じゃあ、ともかく食っていくにはどうしたらいいかって、学歴がなくてもいい商売をいろいろ調べました。

最初に目を付けたのはボクサーです。一挙に金が欲しいなとヤボな考えでね（笑）。役者っていう選択肢もありましたが、学芸会にも出たことないし、人前に出るのが恥ずかしくてしようがないような少年だったものですから、真っ先に候補から外しました。じゃあもうボクサーだ、って三回戦まで訓練しましたけど、いろいろ考えてみるとね……四〇過ぎてもボクサーできるかなと。やっぱり練習でも何度も殴られるわけだしね」

「これは違うと（笑）」

「当時は品川の大井競馬場でもアルバイトをしていました。仕事は切符切りと闇狩り。競馬場には、どの馬が勝つかを当てる予想屋っていうのがたむろしているんですが、それをモグリでやるやつを取り締まるのが闇狩りです。ぼくみたいにでかいのを二人くらい揃えてね。

ちょうどその頃太宰治に凝っていたこともあって、小説家になりたいと思った時期もありました。競馬場での経験を書いて懸賞小説に応募してみたんですが、送っても送っても返されてきて。返されてこないから受かったのかな、と思って電話かけるとダメだったり。それであきらめましたけど」

「いろいろと挑戦されたのですね」

「ええ。そうしたら競馬場の先輩がね『お前、役者になったらどうだ』って。何でかっていうと……恥ずかしいんですけどね、『顔がいいから』って言うわけです」

「やっぱり、周りの人もそう思っていたんですよ！」

「でも、実はおふくろの弟がそっちの世界の人でね。当時〝あきれたぼういず〟っていう、今のお笑いグループみたいなのがあって、ものすごい人気だったんです。そのリーダーの川田義雄(＊32)さんが〝川田義雄とミルク・ブラザーズ〟っていうのを始めて、そこにアコーディオン弾きで参加していました。有木山多《ありきさんた》っていう名前なんですけど」

「有木山多。ユニークな名前ですね」

＊32　川田義雄（晴久）：一九〇七～一九五七年。俳優、コメディアン。一九三〇年浅草音羽座でデビュー。一九三七年坊屋三郎らと「あきれたぼういず」を結成。ユーモアのある歌謡漫談で一世を風靡した。一九三九年「川田義雄とミルク・ブラザーズ」を結成。テーマソング「地球の上に朝が来る…」がヒットした。

「もともと神学校の学生だったのが、そこでピアノを覚えて芸人になっちゃったんですね。私も一度アルバイトでお付きをしたことがあるんですが、芸能界って……今でもそうなのかもしれないけど、何だか派手な世界で（笑）。俺の性格には合わないなと思いましたね。それが、その……顔がいいから役者になれよって言われたのが妙に頭にこびりついて（笑）。じゃあ芸能界で一番地味なのは何かって考えたときに、新劇っていうのがあったんです」

「題材も文学的、哲学的だし……」

「戦後入ってきたアメリカ映画やヨーロッパ映画には、どれも底辺に〝生きるとは何か〟っていうテーマが流れていて、これがいいんですよね。で、ジャン・ギャバン[*33]やジョン・ウェイン[*34]、ゲイリー・クーパー[*35]やマーロン・ブランド[*36]を猛烈に好きになるんですが、パンフレットを買って経歴を見ると、ほとんどの俳優が演劇学校っていうのを出ている。その頃日本は、各メジャーの映画会社が〝ニューフェイス[*37]〟っていうのを募集してスターを発掘していたし、芝居の場合は劇団に入って研究生を三年も五年もやるわけで、演劇学校っていうのはないと思っていたんですね。ところが、のちに私の先生になる千田是也さんのモリエールの芝居を観に行ったとき、日本橋の三越劇場でしたけど、廊下に〝日本で初めての正式な俳優学校〟って案内があったんです。それが俳優座付属の養成所でした」

「もう、俳優になろうという心は固まっていたのですね」

「でも、授業は昼間だからね。当時は夜学の三年だったので昼間は働いていたし、月謝は九〇〇〇円もするし。結局一年待って試験を受けました。そのときは二五倍くらいの競争率で、一次試験でもう膝はガクガク。セリフも出てこない。だから、ああ落ちたなと思って、結果は見に行かなかったんですよ。そしたら『どうして二次に来ないんだ』と連絡があって、二次、

＊33 ジャン・ギャバン：一九〇四〜一九七六年。フランスの映画俳優。一九五一年『夜は我がもの』でヴェネツィア国際映画祭男優賞受賞。代表作『望郷』『大いなる幻影』など。

＊34 ジョン・ウェイン：一九〇七〜一九七九年。アメリカの俳優、映画監督。一九六九年『勇気ある追跡』でアカデミー主演男優賞受賞。代表作『駅馬車』など。

＊35 ゲイリー・クーパー：一九〇一〜一九六一年。アメリカの俳優。主に西部劇で活躍した。代表作『モロッコ』『ヨーク軍曹』『真昼の決闘』など。

＊36 マーロン・ブランド：一九二四〜二〇〇四年。アメリカの俳優。一九五四年『波止場』でアカデミー主演男優賞受賞。代表作『欲望という名の電車』『ゴッドファーザー』など。

＊37 ニューフェイス：日本の映画会社が一九五〇年代から一九七〇年代にかけ、新たな俳優を発掘するために開催していたオーディション。

三次と受かって……」

「芝居への情熱が通じたのでしょうか」

「後で聞いたら、その頃は下手でも何でもいいから図体がでかいやつを採れってことだったらしいですよ（笑）。で、俳優座の四期生になったんです。同期には、宇津井健[*38]、佐藤慶[*39]、佐藤允[*40]、中谷一郎[*41]、田浦正巳[*42]がいました。ほとんど亡くなりましたけど。

　夜働くことになったので、キャバレーのボーイなどをやりましたが、一番長かったのはパチンコ屋の裏方です。二年いましたが、よかったのはパチンコ屋ってすごい音ですよね、だからガチャガチャうるさい中、いくらでも声を出してセリフの練習ができたんです。ただ寝るのは夜三時ですよ。そして朝起きて六本木の俳優座まで通う、という生活を三年間続け、俳優の道に入ったんです」

「今でこそ俳優は華やかな職業だと思われていますが、お母様は養成所に入ることにどんな反応をされましたか」

「まあ、普通親は反対しますよね。いまだにそうなんでしょうけど、当時はもっとひどいからね。同期生も親に反対されてた連中ばかりでしたよ。それがうちは不思議な母親でね、役者になるって言ったら、『あら、いいねえ!』って(笑)。早く勉強してお金稼いで、一番初めのギャラを私に送れって……こうですからね」

「それは期待に応えないと!」

「期待といえば、ちょっと話は逸れますけど、子どもの頃、親父に木下大サーカス(*43)っていうのに連れていかれたんです。それで空中ブランコを真下で観たときに、子どもながらにすご

*38 宇津井健:一九三一~二〇一四年。俳優。俳優座を経て新東宝に入社。若手映画スターの一人として活躍。テレビドラマにも数多く出演した。代表作は『ザ・ガードマン』『赤いシリーズ』『さすらい刑事旅情編』など。

*39 佐藤慶:一九二八~二〇一〇年。俳優。一九六五年、『鬼婆』でパナマ映画祭主演男優賞、一九七一年『儀式』『日本の悪霊』でキネマ旬報主演男優賞を受賞。その他の代表作に『青春残酷物語』『白い巨塔』などがある。ナレーターとしても活躍した。

*40 佐藤允:一九三四~二〇一二年。俳優。代表作に『日本のいちばん長い日』など。仲代達矢、中谷一郎とともに岡本喜八監督作品の常連で「喜八一家」と呼ばれたことでも知られる。

*41 中谷一郎:一九三〇~二〇〇四年。俳優。岡本喜八監督の作品のほとんどに出演。テレビ時代劇『水戸黄門』では、第一部から初代風車の弥七役で出演し、人気を博した。

*42 田浦正巳:一九三二~二〇一一年。俳優。一九五三年『日本の悲劇』で映画デビュー。小津安二郎、木下恵介監督の映画作品をはじめ、テレビでも活躍した。

*43 木下大サーカス:一九〇二年創業のサーカス団。動物の曲芸や空中ブランコなどの技が評判を呼び、現在も国内外で公演を行う。

俳優座養成所4・5期生の仲間たちと。
丸印の中が仲代さん。右隣は佐藤慶氏。そのまた右は中谷一郎氏。
最後列中央（女性の右隣）は平幹二朗氏。

いショックを受けましてね。いまだにサーカスを観ると、すごいなあと、我々の芝居よりすごいなあ、と思いますよ。命がけですもんね。何だっけこの前観た……」

「シルク・ドゥ・ソレイユですか？」(＊44)

「そうそう。あのくらい芸を鍛えたら、みなさんも演劇を観に来てくれるんだろうなと思いましたよ」

「シルク・ドゥ・ソレイユはすごいですよね。肉体芸術というか何というか」

「ね、下手すりゃ死んじゃうもんね。まあさ、芝居で死ぬっていうことはないだろうけど、我々もあれくらいお客さんに『ああ、観に来てよかったな』と思わせたいものですが、テレビが出てきてからは、映画も演劇も落ちちゃいましたからね」

「映画の勢いが衰えたのは、やはりテレビの影響が大きいのでしょうか」

「テレビが出てからはね、どんどん落ちていきましたよ。一九六〇年くらいは黒澤さんが〝世界のクロサワ〟っていわれて、当時娯楽はほとんどありませんから、映画にはお客がどんどん

＊44 シルク・ドゥ・ソレイユ：一九八四年、カナダで設立されたエンターテインメント集団。サーカスの伝統様式を取り入れた高度なパフォーマンスと舞台演出が話題を呼び、世界各国で公演を行っている。

入っていました。東宝なら黒澤さん、松竹は木下恵介さんや小津安二郎(*45)さんというように、映画会社には必ずエースの監督がいて、会社は彼らに金と暇、時間をたっぷり与えたんです。だから日本の映画は世界に伍していったんですけど。

まあ、私もテレビに出ていますからあまり悪く言えません(笑)。天に唾するようなものですからね。さらに今はパソコンなどがあるので、お金を払ってまでまずい芝居は観たくないっていう人が増えてきたでしょう。だからテレビとは違うものを作りたいと常に思っているんですが、それにはやっぱり芸の力が必要ですよね。歌の世界なんかもそうでしょうけど、生のよさっていうのがあるんですよ。私はもう歳なので若い人たちに頑張ってもらいたいんですが、困ったことに演劇じゃなかなか食えないからね」

「私の身近にも小劇団の団員が何人かいますが、アルバイトをいくつも掛け持ちしていたりと、演劇の世界は厳しい、というイメージがやっぱりありますね」

「でも若い人たちはね、無名塾に毎年応募してくるけど、簡単に役者になれると思っているんですよ。テレビなんか観て、こんなもんでいいのかと思っちゃうんでしょうね」

「ああ、確かに」

「そりゃあ実力に関係なく、人気っていうのはありますよ。でも人気はあくまでも〝人の気〟ですからね。お客さんは新しい役者が出ると、すぐそっちに心変わりしちゃうんです。だからしっかりとした芸の力を身につけないといけないんですが、今は修業っていう意識がなくなってますよね。お寿司屋さんですら二ヵ月で免状が取れて、すぐに寿司握れて高給取りになれるっていう。きちんと修業したら、普通一〇年かかりますけどね」

「にわか職人ですね」

「そういう効率の時代になってきているから、作り手も『この子はこの一本だけでいいや』っていうことになるんです。例えばモデルの人を悪く言う気はないですけど、訓練なしでポッと入ってきても、その作品だけは雰囲気が合うから何とかなる。じゃあほかの役はどうだっていうと、さすがに基礎の勉強をしっかりしないと無理ですよ。それはどの世界だって同じだと思いますけどね。運動の選手にしたってね。

＊45　小津安二郎：一九〇三〜一九六三年。映画監督、脚本家。日本の家庭生活を描いた作品で知られる。代表作『大人の見る繪本 生れてはみたけれど』『晩春』『麦秋』『東京物語』など。

黒澤さんなんかは、撮影がどうしても大掛かりになるから三年か四年に一本しか撮れない。だから三船敏郎さんを使うときには、小津さんや溝口（健二）(＊46)さんにその間のことを頼んでいたんです。そういう横のつながりで三船さんを育てていった。今はこの作品だけ撮ればあとはもう知らないっていうね」

「映画界が一丸となって役者を育てていたのですね」

「まあ、修業なんかしなくてもいい天才もいるんでしょうが……天才っていうのは、本当はどれだけ人より努力できるかってことなんですけどね」

「〝天才は1％のひらめきと99％の汗〟、エジソンの言葉のように……」

「そう。だから、役者は努力することですよ。人よりもね」

「何事も、楽な道というのはないのですね」

「三〇～四〇代の頃、安部公房(＊47)さんと仕事をしたときに、安部さんが『仲代くん、みんなアンコールって言ってるけど、本当に拍手してると思う？』って聞くんです。私も生意気盛りだから『そうしてると思います』って答えたら、『違うんだよ。君がいくら上手い芝居しても、君を嫌いな人はとりあえず拍手してるんだ。逆に君がいくらまずい芝居しても君のファンは一所懸命叩く。そういうもんだよ』って。ああ、そうかと思ってね」

「シビアですね」

「まあ演劇というのは総合芸術で、役者は将棋でいえば一つの駒ですから、いい駒であるべきなんですよね。問題は、シナリオや戯曲を読んで、作者はどういうつもりで書いたのかを察知することです。私も若い頃から『お前、文学性ないな』って言われて、役者と文学性がどう関係あるんだと疑問に思いましたが、この役は色で言うと何色だ、どういう服装をしてどういう歩き方をしてるのか、どういう目の使い方をしてるのか……そんなことまでしっかり考えて役作りしろっていうことなんですね。それと、一つの役じゃ一生食えないぞ、悪役を含めて何から何まで最低一ダースやれと。我々はそんなことを徹底的に叩き込まれて役者になりましたから」

＊46　溝口健二：一八九八〜一九五六年。映画監督。『西鶴一代女』『雨月物語』『山椒大夫』で、一九五二年から三年連続ヴェネツィア映画祭国際賞を受賞。フランスのヌーヴェル・ヴァーグにも多大な影響を与えた。

＊47　安部公房：一九二四〜一九九三年。小説家、劇作家、演出家。一九四八年、東京大学医学部在学中「終りし道の標《しる》べに」を発表。実存主義的な作家として知られる。代表作『砂の女』『箱男』など。

『人間の條件』(1959、1961年)　監督：小林正樹　写真提供：松竹
南満州鉄鋼会社に勤める梶は、召集免除を条件に妻・美千子とともに老虎嶺鉱山へと赴任する。工人たちの人権を守るため正義を貫こうとする梶の思いは届かず、ついに軍の手が伸び、梶は召集される……。1960年ヴェネツィア国際映画祭にてサン・ジョルジョ賞を受賞するなど、国内外で高い評価を得た作品。仲代さんの左は新珠美千代氏。

『切腹』(1962年)　監督：小林正樹　写真提供：松竹
寛永7年、江戸の街には切腹すると称して物乞いをする食い詰め浪人が溢れていた。ある日、井伊家上屋敷に津雲半四郎と名乗る老浪人が切腹のために庭を拝借したいと現れる。しかし、真の目的は別にあり……。原作は滝口康彦の『異聞浪人記』。

第四章　役者は命がけ

凍傷になりかけても、戦車に轢かれかけても
そういうことをやらないと役者のうちに入らないという時代ですよ。

「最初に『切腹』について伺いましたが、小林正樹監督の作品は、『人間の條件』や『壁あつき部屋』『東京裁判』など、戦争について考えさせられるものが多いですね。先ほどの話ではないですが、疑似体験とはいえ、このような映画を通して戦争の現実が次世代に伝わってほしいと思います。二〇～三〇代の人と話していると、たいてい、黒澤明や小津安二郎という名は聞いたことがあると。でも、小林正樹は知らないという人が多いのが残念で……」

「先ほどもお話ししましたが、〝世界のクロサワ〟といわれている黒澤明さんはもちろん、小林さんも世界中で認められている映画監督なんです。最近はどのくらい反戦劇があるかわからないのですが、北九州で『切腹』を上映したときに、初めてこの映画を観たっていう若い人がいっぱいいましてね。感想を聞くと、『いやあ～、言葉も出ないほど重い』、そう言うんですよ。『人間の條件』も同じでね、やっぱり時空を超えて……私が二四歳から二八歳くらいにかけて撮った映画ですから、八四引く二四……六〇年も前の映画ですよ。それがまだ現代に通じてると思うと、仕事をやった甲斐がありますよね」

「『人間の條件』は、六部作で総上映時間が九時間三八分という大作ですが、初めて観たときの衝撃は忘れられません」

「『人間の條件』は五味川純平先生[*48]の小説を原作にしたものですが、この小説が出てきたときはまだ兵隊さんが戦地から戻ってきている最中で、世の中にも戦争の空気が残っていました。小林正樹と五味川純平。この二人は、主人公の梶のように戦争で満蒙へ行き、最後に小林さんは宮古島で捕虜になりましたし、そういう意味ではやっぱり梶に似ていますね」

「原作が発表されたのが一九五六（昭和三一）年。終戦から約一〇年ですね。五味川さんは小説同様、満州で特殊工人[*49]の処刑に立ち会ったとか」

「兵隊を体験した人はね、あんな梶みたいな立派なやつはいなかったと言うわけですよ。でも、そうありたいとは思っていた。だからブームになったのでしょう。ただ、いくら正義漢といっても、梶もまた、結局加害者側に回っていくのですが」

「日本人というだけで隣国に対する加害者であるうえ、さまざまな矛盾を抱えながらも〝殺

＊48　五味川純平：一九一六〜一九九五年。小説家。東京外国語学校（現東京外国語大学）英文科卒業後、満州鞍山の昭和製鋼所に入社。召集後は満州東部国境各地を転々とした。『戦争と人間』『ノモンハン』など、数々の戦争文学を残す。一九七八年菊地寛賞。
＊49　特殊工人：満州の炭鉱などに労働力として強制連行された中国人捕虜のこと。工人は労働者の意。

人技術の名手〟として、生きるために人を殺《あや》めていきますね」

「実際、戦争が人間にどういう影響を与えていくかということなんですが、ぼくらは撮影に入る前に『君たちは軍隊行ってないだろ』って、一ヵ月軍隊訓練を受けたんです。スタッフの中に軍隊経験者がいましてね」

「どんな訓練なんでしょうか」

「一番すごかったのはね、寝てると、起床ラッパがパッパラッパパパパ〜って鳴るんです。そしたらパッと起きて、三分で寝間着から第一軍装に着替えなきゃいけない。すぐ敵が来てもいいようにっていうんですが、これが難しくてね、最初は一〇分かかりましたよ」

「毎日ですか」

「毎日(笑)。毎日やる。殴るのも本気で、げんこで殴られるんですよ」

「第四部では、梶が古参兵から酷いリンチを受けるシーンもありました。上靴《じょうか》を口に入れられたり……」

「ええ、顔は腫れるし口の中は血だらけですよ。だから、この映画で足かけ四年兵隊に行ったようなものですね。それはもう大変危険なこともやりましたし……」

「梶が雪の中、息絶えるラストシーンでは、本当に死にかけたそうですね」

「撮影の日は大雪でね。台本には『雪が身体の上に積もって小山になった』って書いてあったんですが、地べたに倒れた後、その通り雪がどんどん積もっていくんですよ。まだかなまだかな、と思っているうちにだんだん気持ちよくなっていって……」

「誰も止めないんですか?」

「はい。やっと『カット』の声がかかったら助監督が飛び出してきて、素っ裸にされて全身を叩かれました。すぐに火にあたると凍傷になっちゃうっていうので……。それより、戦車の下をくぐんなきゃいけないシーンがありましてね」

「第四部の、青葉陣地にソ連軍が攻めてくるシーン。このほうが怖かったと!」

「ええ。日本軍はそこに塹壕っていう弾除けの穴をたくさん掘って、そこに入って戦車を銃撃するわけですが、撮影のときもね、ぼくらを守ってくれるものは何もないんですよ。しかも、塹壕と戦車のキャタピラーがちょうど同じ幅ですから、ちょっとでも軌道がずれると……死ぬんです（笑）」

「生死を分ける本物の戦闘ですね」

「撮影は自衛隊の戦車を使ったんですけど、『失敗したらどうするんですか』って聞いたら、『自衛隊のナンバーワンがやるから大丈夫』って……そう言われてもねぇ。梶が塹壕の外に出て、川津祐介(＊50)くんが演じた寺田っていう若い兵隊を穴に引きずり込むところでは、もう戦車を見ていると怖くてね。キャタピラーの一点だけ見て……まだ大丈夫だ大丈夫だ、って……するとʼ『仲代くん、入れー！』って声がして、ギリギリまで粘って入ったら、すごい音と砂埃で真っ暗。轢かれる直前でした」

「話を聞いているだけでハラハラします」

「私は割と勇気のあるほうだと思うんですが、その撮影の前はさすがに一週間くらい食欲が落ちました（笑）」

「それはもう、実体験ですね……」

「今はスタントマンがいますけど、当時はそこまでやらないと役者のうちに入らないという時代ですよ。でも、イタリアで『野獣暁に死す』（一九六八年）っていう、マカロニ・ウエスタン(*51)を撮影したときにはね、三メートル先に私と同じ服装したスタントが待機してるんです。『いや、自分でやりますよ』って言ったんですが、向こうでは、役者には莫大な保険が掛けられているから、そうそう怪我ができないんです。かつてのジョン・ウェインなんかも全部スタントだったんですね。で、そのスタントは私より小さくて、大丈夫かな〜って思ってたら、鐙《あぶみ》を長く伸ばすんです（笑）。背は小さいくせに足が長いという……それが多少屈辱的な思い出（笑）。まあ、そんなことで、走る電車から飛び降りたりするのも芸のうちだというような厳しい状況で昔は撮影していました」

「まさに命がけですよね。監督からねぎらいや謝罪の言葉は……」

「私が凍死しかけたときも黙ったままですよ。それは思いやりがないというより、仕事だからやるのが当然という感じですね」

＊50 川津祐介：一九三五年〜。俳優。慶應義塾大学在学中の一九五八年、映画デビュー。青春映画をはじめ、『Gメン75』などテレビドラマでも活躍。料理番組『くいしん坊！ 万歳』のリポーターも務めた。

＊51 マカロニ・ウエスタン：一九六〇年代から一九七〇年代にかけて流行したイタリア西部劇を表す和製英語。

「エリートサラリーマンだった梶が軍人になり、捕虜になり、最後は物乞いに……という展開の中で、仲代さんの顔つきもどんどん鬼気迫るものになっていきましたが、そんな撮影の賜物だったのですね」

「最後はね、一週間で八キロ痩せろって言われました。あの顔はメイクでは間に合わないんです。じゃあ、どうすればいいかっていうと、『寝るな、食べるな』と」

「はあ」

「『俺も付き合ってやるから』って言うんだけど、それはね、小林さんはすごく麻雀が好きで、酒飲みながら寝ずにやるわけ。だから平気なの。ぼくもおかげで痩せることはできたけど、負け続けて大損ですよ。アハハ」

「素晴らしい作品の裏に、いろいろなご苦労があったのですね(笑)。ところで、当時梶は超人すぎるという批判もあったようですが、逆に言うと強靭な肉体と精神を持ち合わせたスーパーマンの梶でさえ、最後にはボロボロになって死んでいく。そこに単なるヒロイズムに留まらない戦争のリアリズムがあると私は感じました」

「そう観ていただければいいんですが……先ほどガンジーやキリストのことを話しましたけど、人間を演じている以上、私たち役者は人間の悪の部分も正義の部分も、光も影も知らなきゃいけない。だから、難しいことですけど〝戦うなら自分と戦え〟というのが私の個人的な考えです。〝人間は死亡率一〇〇パーセント〟っていいますけど、私もそろそろ役者も人生も引退ですからね。戦争を起こすな、っていうのはもちろんですが、若い人たちには、できれば戦争に巻き込まれない努力をしてほしいとは思いますね」

小林正樹監督を囲んで、『黒い河』(1957年)の出演者と。
前列左は桂木洋子氏、右は松山善三氏。後列左は渡辺文雄氏。
前列左から2番目は原作者の富島健夫氏。

第五章　人斬りジョーがつかんだ成功

いつもアカだらけでボロを重ね着。
面通しで九回落ちるほど暗い青年でした。

「仲代さんは『人間の條件』の主役、梶を演じて一躍その名を知られることになったわけですが、役をつかんだきっかけは何だったのですか」

「ありがたいことに、直接、小林監督に抜擢していただきました。この映画の前に、私は小林監督の『黒い河』(一九五七年)という映画に出ていたのですが……」

「実は……私、『黒い河』が大好きなんです。今日は仲代さんに見ていただきたくて、原作本やパンフレットを持ってきました」

「へえー!　こんなの私も持っていませんよ」

「オークションなどでコツコツ集めたんです。もともとは富島健夫(＊52)さんの原作小説が好きだったのですが、原作の映像化っていうのは、ファンにとってはたいてい期待外れなんですよね。だけどこの映画は原作より面白いので驚いて(笑)、すっかり小林監督や仲代さんのファンになってしまいました。ですから、今回はぜひこの作品についてお聞きしたかったんです」

「そうですか。あの、当時は面通しっていいましたが、俳優学校では三年からオーディションを受けられるんですよ。その面通しが、私と同期の佐藤慶はなかなか通らなくてね、九回落ちました（笑）。まあそうでしょう。だって向こうは、いかにも青春真っただ中っていう、若さに溢れるような青年を探しているわけですよね。それがぼくとか佐藤慶は、いつもアカだらけでボロを重ね着で、そのうえ暗い（笑）。『私を使ってください！』っていうふうにニコニコと愛想よくできないしね。だからもうダメだと思って『二人で劇団作ろう！　今の映画なんか何だ！』とボヤいてたんです」

「厭世的な雰囲気よりも爽やかさが求められていたのですね」

「そんなとき、当時マネージャーだった俳優座の佐藤正之さんが小林さんを紹介してくれました。二人とも小樽出身で、小林さんはもともと地元では有名なスキージャンプの選手だった

佐藤慶氏と。

＊52　富島健夫：一九三二〜一九九八年。小説家。早稲田大学在学中、「喪家の狗」が芥川賞候補になり文壇デビュー。一九五六年『黒い河』を発表。以後ジュニア小説や官能小説で読者を獲得。映画化された作品も数多い。代表作『雪の記憶』『青春の野望』『おさな妻』など。

ので、佐藤さんも小林さんのことを知っていたんですね」

「小林監督は早稲田大学卒業後に松竹の助監督として入り、終戦後に木下恵介さんの助監督になっています」

「その頃私は俳優座の研究生でしたが、すでに『壁あつき部屋』などの作品は観ていたので、新進の監督として小林正樹という名前は知っていました。それで、俳優座の裏の喫茶店で会って小林さんと話をしましたが、落ちちゃって（笑）。『泉』という作品だったんですが、結局、渡辺文雄[*53]さんに決まったんです」

「『黒い河』にも、勤労学生の西田役で出演されていますね」

「『泉』もね、やっぱり爽やかな役なんですよ。そのときもぼくは暗い目してたんでしょうね。こんな暗ーい目してたと思うんですよ。その後しばらくして、オーディションなしで『この役は仲代だ』って来てくれたのが『黒い河』の人斬りジョーです。脚本を読んだらね、すごい役でしょ」

「悪い役ですね」

「悪いよね～。基本的に悪い役は好きなんだけど、いい役やってるとなんか嘘っぽくて（笑）。それが、そのときちょうど、俳優座で『りこうなお嫁さん』という芝居に出ていたんです。一年後輩の平幹二朗（＊54）と市原悦子（＊55）が主演で、ぼくは後ろに立ってるくらいの役なんですが、どうしても映画に出たいんでね、千田先生に相談したら『お前芝居出てるだろ。ダメだ映画なんか、芝居第一！』って」

「厳しい先生ですね」

「それを聞いた東野英治郎さんが、『よし、俺が代役やってやるよ』と。東野さんもチンピラ役で『黒い河』に出ていますが、当時、俳優座の看板スターですよ。その東野さんに後ろに立ってるだけの役を代わってもらい、初めて撮影に出られたんです。ですから小林さんはも

＊53　渡辺文雄：一九二九～二〇〇四年。俳優。東京大学卒業後、電通に入社。出向先の松竹で小林正樹に見出される。『くいしん坊！万才』の初代リポーターとしても知られる。

＊54　平幹二朗：一九三三～二〇一六年。俳優。テレビドラマ『三匹の侍』で人気を博する。劇団四季の舞台にも多数出演した。紫綬褒章、旭日小綬章受章。

＊55　市原悦子：一九三六年～。女優。演技派女優として受賞歴多数。アニメ『まんが日本昔ばなし』のナレーションや、ドラマ『家政婦は見た！』シリーズでも人気を博した。

ちろんですが、東野さんにもとても感謝していますね」

「原作者の富島健夫さんとは会いましたか？」

「ええ、初めにお会いしました」

「そのときの印象はどうだったのでしょう」

「なんか……不良少年みたいな人でした、アハハハハ。まあ、こっちも恐縮してあまり話せませんでしたけど」

「富島さんは勤労学生の西田に自分を投影したと思っていたので意外です。富島さんも昭和六年生まれで軍国少年として育ち、敗戦や朝鮮からの引揚体験などを経て、政治や大人への不信感を抱いていた作家ですから、その負の部分がジョーにも表れていたかもしれません」

「あの人斬りジョーという役は、米軍基地の……あれは厚木なのかな、戦後米軍がまだ占領している中で、ジョーを親分とするヤクザが幅を利かせるでしょ。それで有馬稲子[*56]さんをだましてね」

「静子ですね。誠実な大学生の西田に思いを寄せながら、極悪非道なジョーにも心惹かれ葛藤する……」

「映画の中で、有馬さんに猛烈に平手打ちをくらわせるシーンがあるでしょう。今でもお元気でいらっしゃいますけれども、有馬稲子さんといえば、当時は松竹のすごい看板女優でしたからね。私も躊躇したんですが、小林さんは、『いい、思いきりやれ』って。まあその仕返しを『人間の條件』でくらうんですが（笑）。

で、ババーンって叩いたらね、有馬さんの目から涙がバーッと出てきて、顔も腫れちゃって。城戸四郎さんっていう松竹の有名な社長が『お前はうちのスターをぶち殺すつもりか！』って怒鳴り込んできましたよ。土下座して謝りました。そのことはまだ記憶に残っています」

「でも、この映画をきっかけに小林監督との縁ができたわけですよね」

「はい、これは小林正樹監督とのつながりの映画ですから。今度の生誕一〇〇年では韓国でも上映しましたし、この映画で仲代達矢っていう役者がこの世界で認められたんです」

「出世作ですね」

＊56 有馬稲子：一九三二年〜。女優。宝塚歌劇団在団中に映画デビュー。以後映画や舞台、テレビドラマで活躍。代表作『はなれ瞽女おりん』など。

「それから一、二年して『人間の條件』があるのですが、にんじんくらぶという、有馬稲子さんと岸恵子[*57]さん、久我美子[*58]さんの三人が若槻繁さんっていう大プロデューサーを立てて作ったプロダクションが製作の権利を取りました。

　で、さっきのあなたの話じゃないけど、それこそ原作を読んだ人たちは『梶は誰がやるんだ?』って思うわけです。だから当時、日本中の大スターの名前が新聞に並んでましたよ。もちろん私の名前はどこにもありません。まあ、私も人斬りジョーなんてヤクザをやった後で、まさかあの役が来るとは思っていませんから。配給は松竹で、松竹には佐田啓二[*59]さんっていう看板スターもいますしね」

「その佐田啓二さんは梶の親友の影山役。有馬稲子さんは中国人娼婦の役でした」

「梶の妻であるヒロイン、美千子を演じた新珠三千代[*60]さんは東宝ですからね。小林さんはそういうところでは一切妥協しない方だったんです。芸術至上主義でね。それで……当時日本はまだ中国と国交が結ばれていないので、撮影は東北や北海道で行ったんですけど、ロケハンを半年やるわけです。小林さんは最後まで梶を誰にするかって悩んでたらしいですよ。

後で聞いた話ですがね、あるとき小林さんが露天風呂に入って月を見ながら、最後に『美千子ー！』って言ってさまよい歩く梶の、その目つきは誰がいいかって考えていて、人斬りジョーのあいつはどうかな、って思ったらしいですよ。狂ったようなあの目がいいってね」

「狂ったような（笑）」

「そう。ただ、一、二部はダメだって。もともと梶は大学出のエリートですからね。その感じじゃないなって（笑）。それで急に『どうだ』って話が来たから、それはもうやらせていただきます……って。もう大騒ぎでしたね。日本映画界の先輩ばかりの中、すみませんすみませんって周りに頭下げながらやったんですよ」

「俳優で成功するにはご縁も大切ですね」

＊57　岸惠子：一九三二年〜。女優。女学校在学中に映画デビュー。主演映画『君の名は』三部作は大ヒットとなった。

＊58　久我美子：一九三一年〜。女優。学習院女子中等科在学中、第一期東宝ニューフェイスに合格。元華族出身の女優として話題になった。代表作『また逢う日まで』。

＊59　佐田啓二：一九二六〜一九六四年。俳優。早稲田大学卒業後、『不死鳥』でデビュー。岸惠子と共演した『君の名は』で一躍スターになる。息子は俳優の中井貴一、娘は女優の中井貴惠。

＊60　新珠三千代：一九三〇〜二〇〇一年。女優。宝塚歌劇団卒業後に映画女優の道へ入る。『人間の条件』ではブルーリボン助演女優賞を受賞。『氷点』などテレビドラマにも多数出演した。

「当時は〝五社協定〟っていうのがあって、俳優はどこかの映画会社と専属契約すると、高い契約金がもらえて、宣伝もしてくれて、食べるにも困らない。私も家を建ててやるとか世界一周させてやるとかいろいろ言われました。ただ、他の会社の映画には出られないし俳優座もやめなきゃいけないしね。

そりゃ、家もお金も欲しいですよ。だけどそれでは会社に借金しているようなものでしょう。お金に拘束されてやりたくもない役をやるのは嫌だと思いまして、結局どの映画会社にも所属せずフリーでやっていく道を選択しました。そのおかげで黒澤さんや小林さん、岡本喜八さんや五社英雄(*61)さんなど、監督指名であらゆる映画会社の作品に出ることができたんです。日本映画界がいい状況だったからできたことでしょう。素晴らしい方々に拾っていただいて、幸運な二〇代だったと思います」

「一九六〇年代は、まさに日本映画界の黄金期でした」

「最近、昔の作品を観ると涙が出てくるんですよ。同朋《どうぼう》はほとんどあの世に行っちゃいましたから。最近では平幹二朗くんも亡くなりましたし。三船さんにしても、三國さんにしても、お互いに演技で闘った人たちがいなくなって。

　禅を世界に広めたことで有名な鈴木大拙(*62)さんの本にある言葉でね、〝刹那は永久に通ずる〟っていうのがあるんです。それが私の一番好きな言葉で……だから、やっぱり毎日毎日を大事に生きようと。人間的にも演技的にも、そういうつもりではいますけどね」

＊61　五社英雄：一九二九〜一九九二年。映画監督。フジテレビ在籍中に『三匹の侍』で映画監督としてデビュー。エンターテインメント性の高い時代劇作品で人気を博す。代表作『鬼龍院花子の生涯』『吉原炎上』など。
＊62　鈴木大拙：一八七〇〜一九六六年。仏教学者。仏教や禅思想を広く世界に紹介した。著作に『禅と日本文化』など。

インターミッション　……ちょっと休憩。

「ところで、仲代さんの趣味は何ですか」

「趣味ねぇ……あの、ぼく意外に無趣味なんですよ。まあ……実を言えば、日本映画界がだんだん落ち目になってきた三四、五歳の頃、来る本、来る本どうも面白くなくて。それで小林正樹さんや佐田啓二さんに誘われてゴルフを始めたんです。そしたら凝りに凝って、仕事全部断ってゴルフを全うしたの（笑）」

「はまっちゃったんですね」

「ゴルフだけは凝りましたね……面白くてね。それで、いろんなクラブに所属して一人で行くようになりました。役者仲間に電話しても仕事があるっていうからね。ぼくはもう仕事断っちゃってるもんですから、ゴルフやるしかないんですよ（笑）。

一人だからゴルフ場で相手を探してやるんだけど、上手いやつに当たっちゃったりするとがっかりしてね。一所懸命頑張ってハンディ12まで行ったんです」

「シングルまであと少しですね」

「あるとき、ゴルフ場の何かの選手権に出て、決勝まで行っちゃったんですよ。で、ハンディ2の人と戦うことになったんですけど、ハンディ12のやつがチャンピオンになったら恥だっていうんですよ、そのクラブの」

「ハンディ2といえばプロ級ですからね」

「そしたらその人に猛烈な応援がかかって、こっちは打つたびに何だかんだとヤジが飛ぶわけ。でも、なぜかそのたびにいい球打てちゃって(笑)。結局最後はね、これは勝っちゃまずいなあと思って、わざとOB出したりして負けました。準優勝のお皿はもらいましたけど。そんなことでゴルフは三年くらいやりましたかね。あとは……うーん……まあ、うまいもん食いたいですね」

「いいですね！　食べ物は何がお好きですか」


インターミッション……ちょっと休憩。

「今は野菜。野菜とポン酢に凝ってるんです（笑）。野菜とポン酢と納豆があればいいっていう感じ」

「身体によさそうですね」

「いいんですよ、たぶん（笑）」

「温野菜で食べるんでしょうか」

「そうですね。生野菜でも食べますし……。そういえば最近、納豆専門店を見つけましてね。マネージャーの彼女と一緒に、ね。膨大に買ってるね（笑）」

「食べるのが大変ですね。朝昼晩……？」

（マネージャー）「夜だけです」

「ただ、相当食べるね」

（マネージャー）「食べますね。しかも、ここの納豆じゃなきゃダメっていうのを見つけちゃったので」

「そうなの。ぼくは大粒派でね」

「大粒派の、混ぜ混ぜ派ですか」

「うん、混ぜ混ぜ派。アハハハハ。こう混ぜるのがね、一番楽しくてね。ぼくはひげなんか生やしてるものだから、スプーンでこう……サッと口に入れてひげに当たらないようにパッと食べるんですよ。ひげに当たると、ティッシュペーパーで拭かなきゃいけないから(笑)」

「……(笑)」

「というわけで、今は納豆に凝ってます。その代わり、納豆を食べちゃうとお米がいらないから、食事は野菜と肉、それからちょっとした煮物で」

「食べ物のほかに、健康のために気を付けていることはありますか」

「ずっとジムのプールに通っていたんですけど、そこが閉まっちゃいまして。だからもう運動はやめるつもりだったんですが、まだ舞台があるからね。一日一時間は歩こうかなと。やっぱり身体が言うこときかないと役者はできないんですよ。あと、発声練習は欠かせません」


インターミッション……ちょっと休憩。

「若い人でも運動不足になりがちなのに、素晴らしいです」

「それから、酒は飲みますよ」

「どのくらいですか」

「ほぼ毎晩（笑）。いけないんでしょうけどね。この歳になって……」

「でも、さすがに量は減ったのではないですか」

「いやあ……一晩に四升飲んだこともあります。アハハハハ。一五歳から飲んでますからね。違法ですけど。まあ、ほとんど家で飲んで、外で飲むのは一週間に一、二回ですね。新しい店に行くと何となく照れて緊張しちゃうんで、行きつけのうどん屋で」

ウクレレを弾く仲代さん。（1950年頃）

「どこのお店かお聞きしたいところですが、遠慮しておきましょう」

（マネージャー）「あと、最近ギターに興味があるようですよ」

「ああ、どうりでここにアコースティックギターが！」

（マネージャー）「その楽器は古いので新しいのが欲しいようです（笑）」

「やっぱりさ、かっこいいのが欲しいじゃない（笑）」

「私の知り合いは九〇歳までギターを弾いていましたから、ぜひ弾いてほしいです！　ところで、仲代さんは映画ではシャープなイメージが強いですけれども、舞台ではどこかユーモラスな雰囲気がありますよね。その対比が面白いなと……」

「まあ、ぼくは本名が元久《もとひさ》っていって、子どものときから〝モヤ〟って呼ばれているんですけど、モヤっていうくらいでね、実はボヤーッとしてるんです。抜けてるんですよ（笑）。役者ですからシャープな役もやらなきゃいけないですけど、どこかでやっぱり地が出て、ああ、パカッとしてるなって……よく言えば〝明るいニヒリズム〟……アハハ」


インターミッション……ちょっと休憩。

「名言ですね（笑）」

「目つきが鋭いとか動きが早いとか言われるし、実際そういう役柄も多いんですけど、本当はボヤーッとしてるの。だから、映画でも『殺人狂時代』みたいなのが得意なんですよ。自分を作らなくていいからね」

「『殺人狂時代』大好きです！　映像も洒落ているし、あのユーモアセンスがたまりません〝私の選ぶ仲代作品〟のベスト3に入るのですが……」

「上映当時は全く人気がなくてすぐ打ち切りになりましたけど（笑）。まあそんなことで、子どもの頃からすごくおとなしくて、人ともしゃべらないし、かけっこものろいし……だから役者として金稼ぐために、無理やり外側にいろんなものを付け加えましたけど、実は穏やかな人間なんです。無名塾だって、塾生が『怒られて怖かった』って言うけど、ワーッて怒鳴ったことなんて一度もないんだよ」

（マネージャー）「それは嘘だと思います（笑）」

「『いや、それはダメだよ』って言うくらいなんだけどね……自分で言うのもおかしいけど、ほかの人より優しいですよ（笑）。女房が書いた本にね、〝仲代達矢は犬のような人〟ってあるんだけど……(*63)だから、まあ得ですよ。映画では怖いヤクザの役とかいっぱいやってるけど、実際会うと優しくていい人（笑）」

「逆よりいいですよね」

「逆なやついるもんね。アハハハ」

*63 「彼（仲代達矢）は何だか大きい犬みたいな人です。人見知りしてなかなか馴れませんが、いったん親しんでしまえば人一倍愛情が深く、律義で物堅いところがあります」『宮崎恭子画文集　仲代達矢さま　おいしい人生をありがとう』（一九九九年・小池書院）

1958年頃、妻・宮崎恭子さんと草野球を楽しむひとコマ。

『股旅　三人やくざ』(1965年) 撮影中、エリア・カザン氏と。

1980年、カンヌ映画祭でフランシス・コッポラ氏と談笑。

無名塾0期ともいえる黎明期の様子。上の写真で仲代さんのそばにいるのは女優でフルート奏者の神崎愛氏。右下の写真中央は隆大介氏。

1979年、箱根稽古場にて。左端は隆大介氏、後列右から3人目は役所広司氏。

1985年、仲代さん自宅前にて。益岡徹氏、若村麻由美氏らの姿も見える。

2004年、無名塾前にて。

第六章　「無名塾」と歩んだ四〇年

テレビを観て、こんなものかと思っていたら大間違い。
役者っていうのは本当に厳しい商売ですよ。

「俳優として順風満帆の四二歳のとき、仲代さんは奥様の宮崎恭子《やすこ》[＊64]さんとともに、俳優養成の私塾『無名塾』を始められました。実際、その手応えはいかがですか。先に役者には修業が必要というお話もありましたが……」

「そりゃ、やってよかったと思いますよ。もともとは一九七五（昭和五〇）年、女房が若い人を集めて、演技指導を始めたのがきっかけで、当時は自宅の庭にあった小屋でやっていました。『切腹』のときにチャンバラの稽古をした、その小屋が原点なんです。

女房は二〇年前に亡くなりましたが、俳優学校で私の二年先輩でした。私と結婚する時に『男に惚れるようじゃ女優はやめだ』ってスパッとやめて、私を支える側に回ってくれたんですけど。もともとは絵描きになりたかった女性なんですね。それがたまたま女優になって……すっ

1992年、プライベートなイタリア旅行での二人。

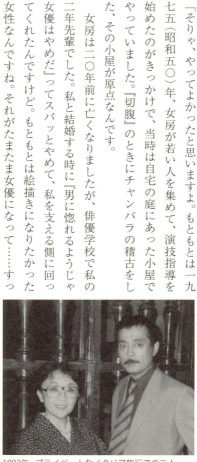

ごく上手い女優でしたよ。文章も上手くて、絵も上手くて、演出力もあって……」

「才能豊かですね」

「だから変な言い方ですけど、女房だけやらせとくのはもったいないなあと思ってたんです。そのうち私も深入りするようになって、無名塾ができました。学校ではなく、あくまでも〝私塾《わたくし》〟ですから、どこの支援も受けずに月謝も取らない。そうやって無償の行為をして……ちょっと偉そうですけど……それで素敵な役者が出たらいいな、と。ある意味では道楽ですよ」

「自分の舞台がありながら、後進のために時間と労力をかけるわけですよね。単なる道楽ではなかなかできないことだと思いますが……」

「それはね、私も歳を経るごとに、いい役者が少なくなってきたなあ、と感じていて。自分も含めてですよ。だから、いい役者を作るにはどうしたらいいかと……。

＊64　宮崎恭子：一九三一〜一九九六年。演出家、女優、脚本家。女子学院卒業後、一九五〇年に俳優座養成所に入所。卒業後、小沢昭一らと劇団新人会を結成。女優として活躍する。結婚後は隆巴（りゅうともえ）のペンネームで脚本家・演出家として活躍。『ソルネス』で一九八〇年度芸術祭優秀賞受賞。

無名塾ができた後、ニューヨークに行ったときに、アクターズ・スタジオ(*65)っていう俳優学校を見学しました。マーロン・ブランドやマリリン・モンローも通ったという有名なところです。まあ、私も日本の俳優学校出ましたけど、金はかかるし、指導がなかなか行き届かないんですよね。アルバイトをして、何とか月謝を払って三年通いましたが、俳優座に入れるのは五〇名の中から一人か二人ですよ。私はたまたま幸運にも入れましたが、それからまた研究生として勉強するわけです。でも、その頃はまだ、俳優には教育が必要だ、俳優修業が大切だってことはみんなもちゃんとわかっていた。それが無名塾を始める頃は、その意識がだんだんなくなっていって」

「これではいけないと」

「それに、海外には国立の俳優学校があるけど、日本にはないでしょう。いわゆる国の文化に対する理解のなさ。私立の俳優学校はいっぱいあるけど、えらく金取りますしね。そんなこともあって、プライベートで始めたんです。

それがだんだん『仲代が無料で教えているらしい』って知れわたって、希望者が全国から集まってきたので、のちに公募に踏みきりました。でも、私は現場で忙しいし、女房が一人で教えることになりますよね。だから採るのは五人だけ。それが一〇〇〇人集まるようになっちゃってね……一二〇〇人から五人採る難しさっていったら（笑）。こりゃしまったと思いましたよ」

「相当な倍率ですね。応募者を見るときに一番決め手となるのは何ですか」

「勘ですよね。大学だったら点数で決められるけど、そうはいかないし。もちろん試験では、セリフからパントマイムまで全部やらせるけど、初めはみんな下手だからね（笑）。だから『こいつは今下手だけど、上手くなったら面白そうだな』とか、あえて今いる子たちとは違う個性の子を採ったり。あと、入ってきた瞬間……そういう勘に頼らざるを得ないんですが」

「俳優の素質のある人はオーラが違うんでしょうね」

「それが、無名塾ができて二〇年後の一九九六（平成八）年、女房がガンで亡くなって。さすがにそのときはやめようかと思いましたよ。現役をやめるか無名塾をやめるか、どっちかに

＊65　アクターズ・スタジオ：一九四七年に、エリア・カザン、チェリル・クロフォード、ロバート・ルイスによって創設されたアメリカの俳優養成所。〝メソッド演技法〟を確立し、演劇界に大きな影響を与えた。

しようと思って。でも現役をやめるって言ったら、まだ現役でいてくれっていう声が大きくて、無名塾をやめるって言ったら、みんな泣きながらやめないでくれと……。だから、よし、じゃあ両方やっちゃおう、ぶっ倒れるまでやろうって決めました。それで現在に至ってるんですけどね」

「でも実際、両立は大変では……？」

「大変ですよ。今は若いのが代わりに稽古を付けていますけどね。だから俺は、稽古場を与えてるだけで、そこでお前たち自由にやれと。いつも苦労するのは、この子に今どのポイントで、どういう指導をしたら一番いいかってことですね。私のやり方をそのまま教えてもしようがないですから。仲代達矢のやり方は仲代達矢のやり方だからね。そもそも、教育っていうのはそういうものだと思うんですよ。一般教育をそんなふうにやってたら大変でしょうけど、少なくとも、私塾である無名塾ではそうしたい、とは思っています」

「仲代さんは、どんな先生なのでしょうか」

「教え子たちに言わせればね、厳しかったみたいですよ。怖い、とか、よく怒鳴られたってね。

自分では優しいと思うんだけど(笑)。それはさ、私がいない間は女房が指導するわけですが、なかには生意気なこと言うやつもいるわけですよ。だからムチを入れていたというわけ。昔は〝宴会塾〟っていって、稽古の後もよく朝まで飲みましたね。で、そのまま、また稽古。私もいつセリフを覚えてたんだろうと思います。今はさすがにやりませんけど」

「四〇年間若い方を育ててきた目で見て、今の若者はどうですか」

「うちの子たちで言えばね、それはやっぱり目的があるから、その辺のガキとはちょっと違うぞっていうのはありますよね。ただ、ぼくらが役者になろうと思ったのは、まずは食うためでしょう。さすがに、彼らには『これがうまくいかなかったら死ぬんだぞ』、という気概はありません。

そりゃあね、豊かな、ある意味で豊かな社会に生まれて少年時代を過ごしてきて、テレビを見て、『あの程度なら俺もできるんじゃないか』と思って役者を目指す世代ですから。だからここに来て、プロとアマチュアの違いを目の当たりにしてびっくりするんですけどね。でもまあ、一年も経つと、物事がだんだんわかってくるから真面目にやりますよ。

ただね……履歴書を一応書かせるんですけど、なぜ無名塾を受けたのってね。見ると、〝タダだから〟って、こう書いてあるんです。アッハッハ！」

「正直ですね！（笑）」

「正直なの！　俺だったら嘘つくけどなあって。今の子は嘘つくのが下手なんですよね。それと……最も尊敬する俳優はって、普通だったらねえ、仲代達矢って書くでしょ（笑）。違う人の名前書いてきますからね。こんな素直な子が、嘘つき商売の役者になれるのか？　って思いますよ。

まあ、修業時代っていうのは大体一〇年くらいかかりますけれども、みんな一所懸命やりますね。ただ、この世界は非常に不条理で、『こいつ頑張ってるな。いい役者になってほしいな』と思うのが一向に芽が出ないで、『こいつダメなんじゃないか』と思うやつがババーッと売れたりするんですよ」

「運やタイミングもあるのでしょうね」

「一時期は千何百人も応募してきて、受かるのは五人でしょう。だから無名塾は〝芸能界の東大〟ともいわれてましたけどね。東大で一番取れば食うには困りませんが、役者はそうはうまくいかないんですよ」

「でも、人気俳優の仲代さんが指導してくれるということで、マスコミからも相当な注目を浴びたのではないでしょうか」

「ぼくは俳優座という大きな劇団に二七年間いたわけですが、無名塾を始めてから四年後に、そろそろ独立させてくださいって言って退団したんです。そのときはいろいろなことを言われました。恩師である千田先生からもね。

しかも隆巴《りゅうともえ》という名前で女房を演出家にしたもんですから、女房が演出家で主役が夫、周りを教え子で固めた〝ファミリー劇場〟だとマスコミにさんざん揶揄されました。ファミリー劇場の何がいけないんだって反論もしましたけど、そんなことで最初は相手にしてくれなかったですね。それでもしつこく一年に一度舞台をやって、ようやく認められるようになったんです」

「マスコミは、お客さんとはまた別の意味で反応がはっきりしていますね」

「何事も先取りするのって難しいですよ。そのときにすごく流行した映画でも三年も経てば忘れられて、逆に当時認められなくても、二〇年、三〇年残ったりするものもあるわけですから。

だから〝偉大なるクラシック〟って言ったけど、小林さんや黒澤さんの作品がまさにそうで、色褪せないいんですよ。我々も、お客さんに『観に来てよかった』って思ってもらえるものを作らなければいけない。テレビはタダで横になって観られて、面白くなきゃ簡単にチャンネルを変えられますが、映画や演劇は、わざわざお金を払って来てくれるわけですからね」

「実際、無名塾で修業して、どのくらいの方が俳優として食べていけるようになるのでしょうか」

「毎年五人採って……四〇年ですから、もう今までに二〇〇人通過してるわけですが、今、役者で食えてるやつは一〇人にも達していませんよ。だからいかに役者っていう商売は難しいか、いい加減か、つかみどころのないものか……。運不運もあるし、人の十倍百倍努力しなきゃダメですよね。

売れる売れないっていうのはそのときの問題でね。売れた後でも売れなくなるし、売れないときにはチャンスを待たなきゃいけない。ただ、お客さんは非情ですからね。一旦売れなくなったらすぐ忘れちゃって、新しいものを見つけに行く。世の中っていうのはそういうものですよ。特に役者っていう商売はね」

「やめてしまう方も多いのでしょうか」

「食えないですからね……新劇は。私なんかは一年の前半は映画、後半はたとえ通行人の役であっても芝居に出る、というふうにして何とかやってきましたが、やっぱり芝居をやると半年くらい時間を取られるんです。だから、どうしてもテレビや映画に流れていく子が増えていきますね。あと、女の子は結婚しちゃう。相手はお医者さんが多いんだけど、あれはどうしてなんだろうね(笑)」

「それはやっぱり……(笑)」

「まあ、食えないっていっても、戦争中に葉っぱを食って生きてきた我々からしたらね、戦争が終わっても長い間食えない時代があったわけだから。突き詰めれば〝生きるために食うか、食うために生きるか〟っていうことだと思いますよ。今若い子に聞いても、そんなこと考えたことなかった、っていう子のほうが多いけどね」

「戦時中とは違い、今はよほどのことがないと生命の危機は感じませんから……」

「ぼくなんかはね、経験上自信があるんですよ。何にもなくても食っていけるっていう。もう葉っぱは食いたいと思いませんけどね。

江戸時代の禅僧、至道無難《しどうむなん》の歌に〝生きながら死人《しにびと》となりてなりはてて　思いのままにするわざぞよき〟っていうのがあるんです。『死ぬつもりでやれ！』って昔よく言われましたけど、あえて死人になって、思うがままに生きるというのもいいのではないでしょうか」

「安全圏にいると、なかなか自分の枠というか、限界を超えて行動できませんからね」

「最近は小さな劇団がいっぱいありますが、昔三大劇団といわれた俳優座、文学座、そして民藝ですら、若い人たちはアルバイトして頑張っているわけですよ。そんな厳しい状況で、大手の芸能プロダクションが流行りの俳優をどんどん売り込んできますから、うちみたいに小さなグループは太刀打ちできません。

まあ、ぼくはうちで三年間きっちり勉強した後は、どこにでも行け、と自由にさせてますけれども……ああ、惜しいなと思うのがいなくなるっていうことは……ここも価値がないのかもしれないな……。いろいろと不条理な世界ですよ」

「先が見えないままやりたいことを貫くわけですから、先ほどの言葉ではありませんが、本当に強い信念というか、意志が必要となるのでしょうね」

「この間、ニューヨークへ行って一六本舞台を観てきましたけれども、彼らは本当にすごいですよ。バックダンサーにしても、聞くと大体二年契約だそうです。あとは仕事がなくなるわけじゃないですか。だから勉強して次のオーディション、それが終わったらまた次のオーディション……そういう意味ではぼくを含め、日本の俳優は怠慢だと思いますね。

私はたまたま幸運にも……本当に幸運だと思いますよ、六〇年間現役を続けることができたのは。だから若い人には、できれば役者なんて商売はおやめなさいと……そう言いたいですね。歌舞伎なんかは世襲でしょう。もちろんその中で、役者としての血を持っている人と持っていない人がいるだろうけど、三歳から訓練すれば成り立つんです。新劇が伝統芸能にかなわないのはそこですよ。歴史で言えば、歌舞伎が四〇〇年、能狂言が五〇〇年。新劇はまだ一〇〇年ですから……あと二、三〇〇年はかかるでしょう。

たとえロボットが将棋で人間に勝つ時代になったにしても、やっぱり生の、ライブのよさを次世代がいかに引き継ぐか。演劇に限らず、いわゆる芸術というものが今後どうなるか、いろいろと難しいところだと思いますね」

「芸術が発展するために必要なことは……」

「やっぱり技ですね。技が足りないですよ、まだ。ぼくも含めてね。それから演劇の場合はお客さんと同じ空間にいるでしょう。だからお客さんと一緒に作り上げてるという、その感じを大切にしたいですね」

「演技するにあたり、仲代さん自身が実際に気を付けていることはありますか」

「まあ、六〇年もやっているとベテランといわれますよね。だけど、同じ役をやるなら別ですが、ほとんど新しい芝居で新しい役が来るわけですから、いつまで経っても新人と同じなんです。歳を取るほど勘は鈍ってくるし運動神経も衰えてくるから、役者三年目の新人よりも勉強しないとダメですね。それに、役者っていうのはある作品で一回評価を得ると、どうしてもそれに引きずられてしまう。だからそれを切り捨てないと。次は全然違う役が来るんですから、同じようになるとマンネリズムっていうことになるんです。

だから、無名塾やっててよかったと思うのは、若い子を育てるっていうことはもちろんだけど、『ああ、仲代はずいぶん歳くったな、ちょっと芝居落ちてきたな』って思われるのが嫌で一所懸命頑張るわけですよ。だから、自分のために無名塾を続けてきたっていうことにもなるでしょうね」

「いつまでも〝新人〟ですか……身の引き締まる言葉ですね」

「変な話だけど、舞台にいるとお客さんの姿が見えますよね。だから途中でパーッと出ていっちゃうお客さんがいると、『あー、つまんないのかな』って思っちゃう。で、またパーッと帰ってくると、ああトイレだったんだって安心するわけ。いまだにそうですよ（笑）」

「そんな無名塾ですが、スポンサーなしで運営されるのは大変ではないですか」

「まあ、うちはブロードウェイみたいに世界を相手にしてませんから（笑）。アメリカの俳優はすごいギャラですよ。それは世界配給だから当然なの。日本の映画は黒澤さんの映画くらいですかね。文化的に世界に評価されていたのは……」

「その点でも、映画や演劇という文化に対する価値観の違いがあると」

「もう日本の俳優とアメリカの俳優のギャランティの違いたるや……。どうしてだっていわれても、向こうのほうが市場が広いわけだからしようがない。特に演劇なんかそうでしょう。日本の小さな劇団は、五〇〇人入る小屋で二日間しかできないというありさまですから、いくらいい芝居をしても一〇〇〇人にしか見せられないんです。その稽古に二ヵ月も費やすわけですから、これは大変ですよね」

「無名塾はどうなのでしょう」

「全国で年一〇〇回以上公演してますから、うちはまだいいほう。今は交通手段がよくなったので、九州公演などはね、例えば鹿児島でやっても、新幹線に乗れば一時間半で福岡に行けるから一泊だけですむ。昔は三日くらい間を空けたものですが。その分、年齢的には大変なんですけどね。

まあ、無名塾が四〇年も続いたのは、各地の演劇鑑賞団体が呼んでくれたからですよ。毎年一〇〇回くらい公演すれば、若い子たちもいくらかお金になるし、飯が食える。それがなかったら続かなかったですよね。私ももうそんなに稼げませんし。本当に地方の鑑賞団体さまさまですよ」

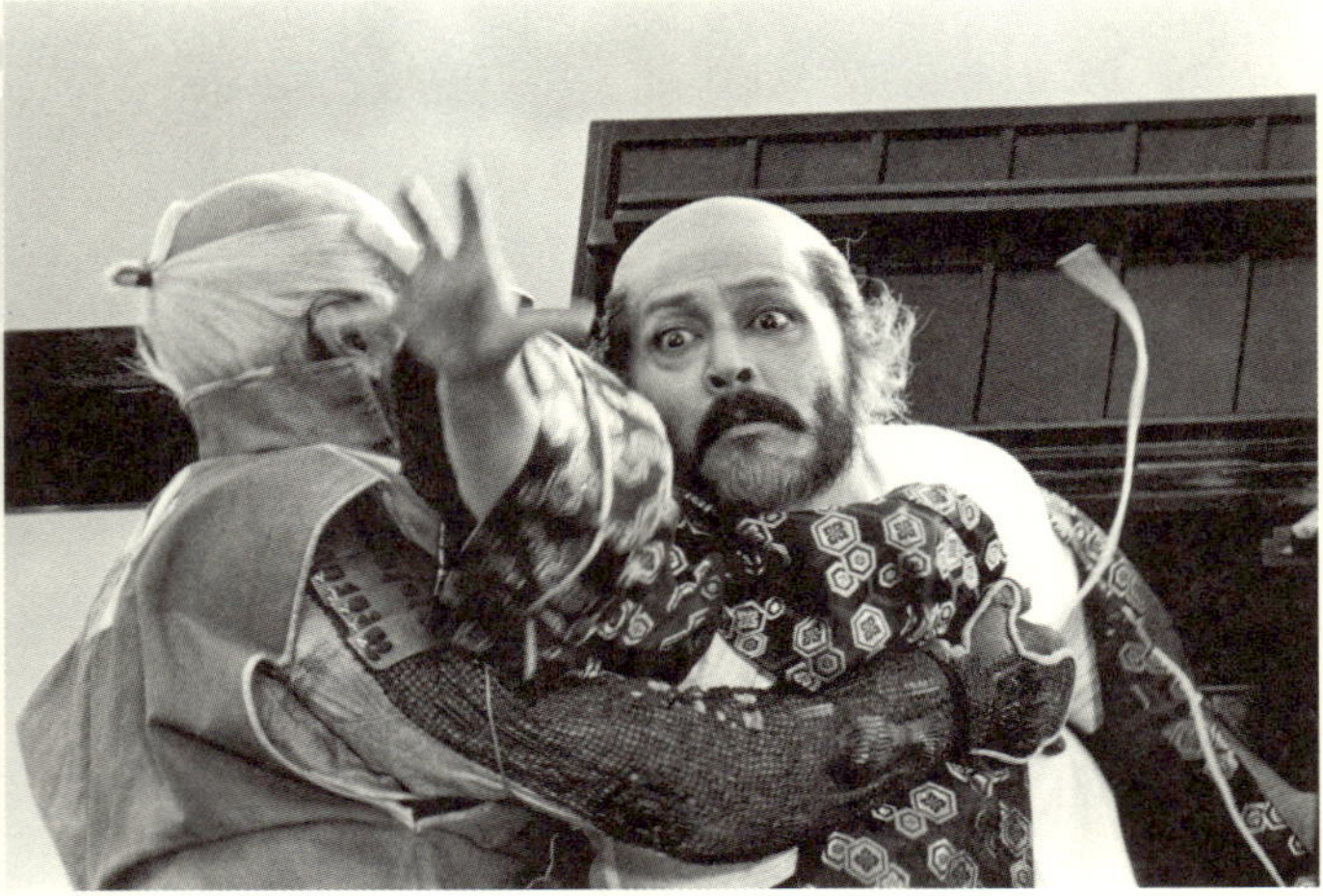

『影武者』(1980年)　監督：黒澤明　©黒沢プロダクション／東宝映画
武田信玄の絶命を隠蔽するため、影武者として白羽の矢が立てられたのは、信玄そっくりの盗人。フランシス・コッポラやジョージ・ルーカスも製作に参加し、カンヌ国際映画祭でグランプリを受賞した。

『乱』(1985年)　監督：黒澤明　©KADOKAWA 1985
シェークスピアの『リア王』を戦国時代に置き換え、親子兄弟の骨肉の争いを描いた黒澤明監督の最後の時代劇。米アカデミー衣装デザイン賞をはじめ、海外の賞を多く受賞した。

第七章　スモールビューティーの時代へ

たとえ大多数にわかってもらえなくても、
本当に作りたいものを作りたい。

「無名塾もいずれ次の世代に引き継ぐときが来るかと思うのですが、無名塾の将来というか……率直に言えば後継者についてはどうお考えですか」

「そのことについてはね、私も悩んでるんですよ。次世代の人たちにどうやってつなげていくか。さっきから言ってるように私塾、仲代の塾なんですよ。だから私のやり方は嫌だっていう子はやめてもらっていいんです。四〇年ってことは、当時一八歳で入ってきた子はもう六〇近くになってるわけですから」

「そうですね」

「ただちょっとね……ワンマン劇団で来てしまったというか、次世代の無名塾を背負わせるために、誰かを徹底的に教育することに関しては、少し怠けてたかなとは思います。若い子たちが、無名塾を仲代から引き継ぐためにどうしたらいいか、って考えてくれてるか……どうもそれはないんじゃないかなって思うんですよね。こっちから聞いたことはないけど……そういうの言葉にしちゃうのはね、嫌なんだよ」

「自主性に任せたいということですか」

「それはまずね、上手くなってほしいんですよ。やっぱり、単なるタレントじゃなく、人間のあり方まで追求できるような役者になってほしい。そりゃあもちろんエンターテインメントとして面白いものを作ることは大切だけど、多少哲学的なものがあってもいいじゃないですか。人間とは何か、っていうことや、人間の負の部分まで追求してほしいんですよ」

「生身の人間を描いているわけですからね」

「前も話しましたけど、終戦後、私が一〇代のときに外国から映画がドッと入ってきて、我々はそれを一所懸命観ながら、『ああ、ああいう人間になりたいな』とか、『ああいう人間になるためにはどうすればいいのか』っていうのをね、二駅も三駅も歩いて帰りながら、ずっと考えていたわけですよ。それが、どうも最近では効率優先になって……安倍首相が経済が最優先と言うようにね（笑）。いくら舞台や映画はお客さんに来てもらわないとしようがないとはいえ、そればっかりじゃないだろうと思うんですよね」

「そういえば、一九八〇年代に〝楽しくなければテレビじゃない〟というキャッチコピーもありました」

「ドラマなんか観ているると、シリアスな場面で『次どうなるのかな〜』と思っていたら、突然コミカルなCMが入っちゃったりするでしょう。そりゃあスポンサーがお金出してくれるわけですが、どういうつもりで作ってるのかって思いますよ。それに、テレビに出たとき不思議だと思うのはね、『この作品よくできてるな、いい演出家だな』と思っても、視聴率取らないと認めてもらえない。〝ものの見方〟の問題なんでしょうけどね。

もちろん、テレビがあっていい。お笑いもあっていい。映画も新劇も歌舞伎も……と多様に選択肢があって、その中から好きなものをチョイスすればいいんです。よく『新劇は暗い』とか『理屈っぽい』とか言われるけど、そういうものもあっていいじゃないですか。

だから最近、私は〝スモールビューティー〟って言ってるんですけど、小さくてもいいじゃない、ただ自分の作りたいもの、美しいと思うものを作ることができればいいじゃないって思うんですよ。うちの子たちもテレビに出ることがあるでしょうし、私自身も両方やってますから天に唾するような言い方はしたくはないんですが、いろんな作り方があっていいんじゃないかって思うんです。そのうえで、若い子たちには一人ひとり、自分はどういう作り方をしたいのかってことを考えてほしい。この無名塾についても、個々が今後どういうふうにしたいのかをね。小さい組織であっても個の集まりですから」

「では無名塾の今後は……」

「なるたけなら続けてほしいですが……ただ、こんな小さいグループの中でも、多少派閥みたいなものを感じるんですよね。だから、足の引っ張り合いになるんだったらすっぱりやめたほうがいいですよ。

今までは強引に私についてこい、っていうふうにやってきましたけど、それをどう次世代に、創造的に意欲的につなげられるか……私もとりあえず八五歳までは続けるつもりでいます。いろいろお金もかかることですし」

「援助に頼らず四〇年というのはすごいことだと思います」

「ただ、何か形骸化された組織で続くのはつまんないなと。それだったらいっそのことやめちゃったほうがいいだろうとは思います。形骸化っていうのは一番怖いんでね。なかなか難しいことですけど、やっぱり、常に新しいものを創造する集団でありたいんですよ。

『日本の悲劇』(2012年)
監督：小林政広　写真提供：モンキータウンプロダクション
失業し、妻子に去られた息子を救うために、命が残り少ないことを悟った父親・不二男が決意したこととは……。年金不正受給事件に衝撃を受けた小林政広監督が"遺書を書くような気持ち"で書き上げたという、日本の闇をえぐる問題作。左は北村一輝氏。

ゴッホの絵なんか、生前はほとんど売れなかったわけですよね。でもゴッホという名前は永遠に残り、作品には今すごい値段が付いています。役者はね、追幻《ついげん》といいまして、幻を追い求めて消えるんです。特に芝居はね、花のように散るわけですよ。のちに語り草として残るだけでね。まあ、今はビデオがありますけど、芝居を撮るのはなかなか難しいからね」

「先ほど〝スモールビューティー〟と聞いて、小林政広監督(*66)の『日本の悲劇』(二〇一二年)が思い浮かびました。シンプルなカメラワークで登場人物も少なく、それでいて見終わった後に大きな余韻が残る、まさに〝スモールビューティー〟な作品だと思うのですが、ミニシアターでの上映で観る人が限られてしまうのはもったいないなと。今は、大々的に宣伝されるヒット作しか観に行かない人と、いわゆるマニア的なファンと二極化していて、中間層がないような気がします」

「そうですね。でも、私はもう個人的には、誰彼構わず集めるんじゃなくて、こういう映画が

*66 小林政広：一九五四年〜。映画監督、脚本家。テレビドラマやピンク映画の脚本執筆を経て、一九九六年『CLOSING TIME』を監督・製作。二〇〇七年『愛の予感』がロカルノ国際映画祭で4賞同時受賞を果たす。翌年にはロッテルダム国際映画祭、ブエノスアイレス映画祭で上映特集が組まれるなど、海外でも評価が高い。

好きな人、こういう芝居が好きな人、それだけでいいと思うんです。『この題材は若い客に受けるだろう』とか、そういうことを優先して企画しちゃうと、客が入らなかったときに悲惨なものですよ。だから、お客さんにはもちろん喜んでもらわないといけないんですが、なるたけお客を想定しない。

昔、黒澤さんがね、『今度の映画のテーマは何ですか？』って質問した新聞記者に、『テーマは何もない、俺の作りたいもの作るんだ！』って言ったの。それを若い頃聞いて、『すごいこと言うな、単純だけど真実だなあ』と思ってね。だから作り手も、観たいお客さんにだけ観てもらえればいいというくらいの心意気で、その代わり徹底的に時間とお金をかけて……と言いたいところなんですが、やっぱり、どうしてもお金がね」

「今『人間の條件』や『乱』のようなスケールの大きな作品を撮るのは難しいのでしょうか」

「『乱』なんか、城が燃えるシーンだけで四億円かかってましたから。昔はそれだけ予算をたっぷり使い、余裕のある作りができたんですよ。撮影も一年や二年かけてね。今は一ヵ月かければいいほうでしょう。前に話しましたけど、東宝なら黒澤さん、松竹なら小津さんっていうふうに、どの映画会社にもエースがいて金と時間が与えられた。それでお客さんもどんどん入ったから成り立っていたんですね」

「時間をかけて、といえば、仲代さんが黒澤監督の『七人の侍』（一九五四年）にエキストラで出演されたときには大変だったとか……？」

「あれは俳優座養成所の二年生の頃でね。やっと面通しに通ったんです。チョンマゲも刀も初めて、着物も初めてという状態だったんですが、黒澤さんに『君が先頭になって歩け』って言われまして。身体がでかいという理由でね（笑）。ところが歩くと、『何だその歩き方は！』って怒鳴るんですよ。何度歩いても『ダメ、ダメ』って」

「映画の冒頭、野武士に悩まされている農民たちが、腕っ節のいい侍を町に探しに行ったときのシーンですよね。本当に歩いているだけでしたが（笑）、何が悪かったんでしょうか」

「ぼくもどうすればいいのかって思いましたよ（笑）。しまいには『俳優座では歩き方も教えんのか！』とまで言われて。しかも約三〇〇人の役者やスタッフを待たせて、その中には三船さんや志村喬さん(*67)など大先輩がいるわけですから。周りからもいろいろ言われてね。結局、朝

＊67　志村喬：一九〇五〜一九八二年。俳優。戦前より舞台・映画俳優として活躍し、戦後は黒澤明監督作品に数多く出演。代表作『生きる』ほか。

九時から午後三時頃まで歩かされて、実際に映ったのはほんの数秒でしょう。しかも上半身だけ。今思うとね、新劇の経験しかないぼくは『腰で歩く』ということを知らなかった。黒澤さんは新人のぼくに、一日近く時間を割いて時代劇での歩き方を徹底的に叩き込んでくれたんです。本当にありがたいことなんですが、当時はそんなことわからないからチクショーって思いましたね（笑）」

「それでも、のちには黒澤作品にとって主要な俳優の一人になり、『影武者』（一九八〇年）、『乱』では主役も務められました」

「『人間の條件』の一部と二部を半年かけて撮った後、半年間休みがあったんです。そのときに黒澤さんから直々に話がありまして。『七人の侍』の屈辱があり、黒澤監督の作品には絶対に出ないぞと思っていたので一旦は断りましたが、それでも何度も声をかけてくださり、『あのときのことはよく覚えている。だから君を使うんだ』と言ってくれました。それで『用心棒』（一九六一年）という作品に出演することになったんです」

「三船敏郎さんとの初共演ですね」

「実は学生のとき、黒澤さんの『酔いどれ天使』(一九四八年)という作品にエキストラで出ているんです。戦後の闇市の、人がゴチャゴチャといるシーンで、自分でもどこにいるのかわからないくらいなんですが。東宝撮影所に初めて行ったとき、向こうから背の高い人が歩いてきてね、それが黒澤さんだったんです。三船さんにはそのときは会えませんでした。

三船さんは、もともとカメラマン志望で東宝に入ってきたんですよね。それを兵隊から帰ってきた黒澤さんが見つけて、『あれを役者にしろ』って言ったようです。デビュー作は『銀嶺の果て』(一九四七年)という谷口千吉監督(*68)の作品で、黒澤さんも携わってはいましたけど、違う監督だったんですね。その後、黒澤・三船の名コンビが日本映画を牽引していくわけですが……まあ、一番世界に知られているのは『羅生門』(一九五〇年)。それから先ほどの『七人の侍』ですね」

「実際共演してみて、三船さんの印象はどうでしたか」

「三船さんとは『用心棒』や『椿三十郎』(一九六二年)、『天国と地獄』(一九六三年)だけでな

＊68　谷口千吉：一九一二〜二〇〇七年。映画監督。黒澤明との共同脚本『銀嶺の果て』で監督デビュー。『公式長編記録映画　日本万国博』(一九七一年)の総監督を務めたことでも知られる。妻は女優の八千草薫。

く、三船さんが監督なさった『五十万人の遺産』(一九六三年)、岡本喜八監督の『大菩薩峠』(一九六六年)でもご一緒させていただきました。三船さんという方は……シナリオが早くできていたということもありますが、まずシナリオを現場に一切持ってこない。全部頭に入ってるんです。だからぼくも必死で覚えました。小林桂樹(*69)さんら東宝系の役者はみんなそうでしたね。京都はちょっと違いましたけど(笑)。それに、非常に生真面目。三船さんはリハーサルから思いきりやるものですから、セットなんかを壊しちゃうんです。だから黒澤さんと三船さんのコンビっていうのは、リハーサルなしで一発OK。見事でしたね」

「仲代さんとしては、演技するにあたり三船さんを意識することはあったのでしょうか。例えばライバル心とか……」

「いやあ、三船敏郎さんっていったら大先輩ですからね。いまだにかなわないな、と思っていますよ。何といってもすごかったのは立ち回りの上手さ。ぼくはやっぱり、三船さんと同じとまではいかなくても少しでも近づきたいと思い、庭に小屋建てて必死でチャンバラの練習をしたわけですから。

ただ、私が主役の『御用金』（一九六九年）っていう五社英雄さんの映画に三船さんが出る予定だったのですが、撮影中ちょっとしたいざこざがあって降板されたことがありました。北国のかなり寒いところで撮影したので体調を崩されたということもあるのですが……まあ当時の役者って、自己主張が猛烈に強かったんですよ。三船さんだけじゃなく、三國連太郎さんにしても勝新太郎(＊70)さんにしても、萬屋錦之介さんにしても……私もね。今は早く撮って安くあげたいからそんな暇はないでしょうけど、演技論のことなどでいろいろ言い合いになることもあって、ワーワーやってると、監督が『おいおい、じゃあ一日でも二日でもやってろ』って出ていっちゃう。だからまあ、三船さんに限らず諍《いさか》いはいっぱいありました。萬屋さんとは殴り合いのケンカまでしましたからね」

「仲代さんがですか？」

「はい。京都の萬屋さんの家で飲んでたら、『新劇ってのは素人くさい』とか言うものですか

＊69　小林桂樹：一九二三〜二〇一〇年。俳優。喜劇から社会派ドラマまで幅広い役を演じ、人気を博した。代表作『社長シリーズ』『日本沈没』など。

＊70　勝新太郎：一九三一〜一九九七年。俳優。一九五四年『花の白虎隊』で映画デビュー。以降『悪名』『座頭市』『兵隊やくざ』など、シリーズもので人気を得る。

ら、あの人は歌舞伎の出なので、こっちも『歌舞伎も型だけだ』って……売り言葉に買い言葉ですよ。それで殴り合いになって、一旦は仲直りしたんだけど、祇園で飲み直してるうちにまたケンカになっちゃってね(笑)。次の日二人とも顔を腫らして撮影所に行ったという……まあ、よく言えば役者たちには野生味が溢れていましたね。今は行儀よくしてないとどうにもならないでしょうけど。丹波さんとはケンカしなかったなあ。たまに怪しい話を聞かされるくらいで(笑)」

「霊界の話とか?」

「そうそう。それ、嘘でしょって言ったこともありますけど(笑)、飄々として明るい性格の方なのでケンカにならないんです。その割には『仲代を怒らせたら怖い』ってみんなに触れ回っていましたね。ほら、私、ボクシングやってましたから。もちろん、実際にそれをケンカで発揮したことはありませんけどね」

「ところで、仲代さんは、監督という仕事に興味はないのですか」

「いや、昔からよく『監督やらないか』って言われるんですけど、スタッフを雇う金なんか誰も出してくれないし、かつて映画が唯一の娯楽だった時代と今とでは違う風が吹いているからね。だから……やっぱりスモールビューティーですよ（笑）。ただね、今も素晴らしい作り手や役者はいると思うんですよ。そういう人たちに自由に作らせてあげたいとは思いますね」

「仲代さんや無名塾を応援しているファンもいるわけですし」

「ファンといえばね、昔俳優座にいた頃、お客さん一人だけの芝居やったことがあるんです。その日はどこかですごい交通事故があって、しかも嵐でね。こっちは舞台に五〇人出てるのにお客さんは一人でしょう。だから若いのが笑い出しちゃってね。三島雅夫先生[*71]に『一人でも一所懸命やれ！』って怒られました」

「そのお客さんも熱意がありますね」

「東日本大震災のときも、池袋のサンシャイン劇場で、ちょうど『炎の人』っていう芝居の初日だったんです。ゴッホの話なんですけど。東北地方よりも被害の程度は軽かったとはいえ、すごい揺れでしたから、強行して壁でも落ちたら大変ですからね。舞台というのは吊りもの

＊71　三島雅夫：一九〇六〜一九七三年。俳優。築地小劇場、新協劇団などを経て、戦後俳優座に入る。『東海道四谷怪談』で芸術祭奨励賞受賞。

も多いですし、やむなく中止しました」

「仕方ないこととはいえ、お互い残念ですよね。チケットの払い戻しなども大変だったのではないですか」

「返金を拒否される方や被災地に寄付してくれという方もいたようです。東京は観るものがいろいろとある中、来てくれるだけでもありがたいのですけれども。今、芝居を観る人は少ないですからね。特に新劇みたいなのは堅苦しいとか重いとか言われて……やっぱり、どこかの売れっ子スターを集めたほうが人が来るんでしょう。声が出ないからマイクくっつけて、というやつであろうとね」

「作り手だけでなく、観る側も目を養う必要があると思うのですが……」

「まあ、私が戦時中にガーガーいうラジオに耳付けて聞いていた時代とは違って、これだけ娯楽が蔓延してたら……だからそれは言いたくないんですよ。やっぱり、客を惹きつけるような役者の技がないと。もちろん脚本も大切ですよね。

ぼくたちはやっぱり、人間の生き方っていうシリアスな問題に取り組んだ新劇の流れを汲んでいるわけですが……でもまあ、どうしても一般的なお客さんは見た目の面白さに注目しますからね。これからそういう演劇も流行ってくると思いますよ。もう実際流行ってるのかもしれませんけど」

「どうしても、単純でわかりやすいものが受けてしまう……」

「今、我々のもの作りは、お客さんにわかってもらおうと思うがあまり、お客さんの想像力を掻き立てないものが多い。それから、とにかく数を取ろうってね。テレビで言えば視聴率をもっと取りたいとか、新聞にしても本にしても、ただ売りたいっていう拝金主義でやっていては、やっぱり本当に作りたいものとちょっとずれてくるんじゃないかと思うんですよ。

だからもう、お客さんが入らなくてもいいと。戦争中のことを思えばね、餓死することはないし、もしものことがあれば、この家売り飛ばしちゃえばいい。基本的には自分のやりたいことだけやると。だから今は、これはちょっと違うな、と思うものはやらないようにしているんですけどね」

「役者は“技”が必要な商売。若い人には、修業するくらいの
気持ちでとことん道を追求してほしいと思います」

第八章　役者という商売

六〇年以上役者やってますけど、
いまだに向いてないと思いますよ。

「ところで、仲代さんは去年（二〇一五年）、文化勲章(＊72)を受章されましたね」

「ええ」

「映画の賞を受賞されているだけでなく、国からも何度も表彰されていますが、あの……反戦・反権力の立場としてはどんなお気持ちなんでしょうか」

「アハハハハ。まあねえ……どうでもいいっていうのも変な言い方ですけども、光栄ですよ。みんな喜んでくれますしね」

「辞退される方もいますけど、そこは素直に（笑）」

「はい、素直に（笑）」

「今回は親授式に出られなかったとか」

「そう。その話が来たときにね、天皇陛下の前で賞状をいただかなきゃいけないことは言われてたんですよ。でも、その日はちょうど能登で舞台があって、キャンセルするわけにはいきませんからね」

「欠席した代わりに、後で単独で伝達式が行われたそうですね」

「異例なことのようで申し訳なかったですね。親授式に出なかったときには無名塾の前を右翼の街宣車が通りました。『何事だ！』ってね。まあ、そんなこともありましたけど、賞をもらったのは単純に嬉しかったです」

「そのあたりは柔軟なのですね」

「無名塾はどこの援助も受けていないと言いましたけど、二〇〇七年に文化功労者(*73)になって、これは年金が出るんですよ。だからまあ、そういう意味では国に援助してもらっているのかもしれません（笑）。毎月電気代で飛んじゃいますけど」

「八〇を過ぎて現役で役者を続けられるのは体力的にも大変なことだと思いますが、特に若い頃との違いを実感されるところはどこでしょうか」

「やっぱり足腰ですね。それと反射神経。プロ野球の選手なんかはね、四〇歳過ぎると引退しちゃうでしょ。役者もアスリートと同じようなものですから、六〇くらいで廃業したほう

＊72　文化勲章：芸術や学問など、文化の発達において目覚ましい功績を挙げた人物に授与される勲章。文化功労者選考分科会の意見を聞いて文部科学大臣が推薦し、内閣府賞勲局で審査したうえ、閣議で決定する。
＊73　文化功労者：学問・芸術上の業績を通じて文化の向上・発展に大きく貢献したと政府が認めた人物を顕彰する制度。終身年金が支給される。毎年一回、選考審議会が選んだ中から文部科学大臣が決定する。

がいいとは思うんですがね」

「もともとお身体は丈夫なほうなのですか」

「いや、喘息もあるし、アトピーもあるし。商売柄、顔にはあまり出ないんですが、洋服の下はすごいですよ。夏は汗をかくから特に。よくこの歳までやってると思いますよ。でも、その歳なりの役っていうのがありまして……これがいかんですよね。自分では早く引退したいと思っているんですが」

「そんなこと！」

「みんなそうおっしゃるんですよ。『仲代さんは大丈夫でしょう！』ってね。そりゃあ、老人を大切にしようという思いがあるのでしょうけど、身体や頭脳、感覚は完全に衰えているわけですから。ある人はね、八九までやれって言うんですよ（笑）。いや、とてもそれは無理だよと。その頃には足腰もそうとう弱っているでしょうしね。ただ、お医者さんの日野原さん。一〇〇歳過ぎてもお元気でしょう」

「聖路加国際病院の日野原重明[＊74]さん」

「そう。その日野原さんに、世田谷の名誉区民になっている関係で、正月に区の集まりでお会いしたんですけどね、『私は八〇過ぎましたよ』って言ったら、『何言ってんだ鼻垂れ小僧!』って(笑)。でも、さすがに八九までは一〇〇パーセント無理でしょうね」

「先ほどのお話では、八五歳までは頑張りたいということですよね」

「いや、本当はやりたくないいんですけど(笑)。演劇っていうのは……映像でもそうですけど、スケジュールを約二年前に決めるんですよね。例外もあるんですが、舞台の場合は劇場を借りるために、二~三年前から申し込んでなきゃいけない。それに、全国の演劇鑑賞団体を回りますから、今は鑑賞団体のほうも二年先まで予定を組みたいわけです。

だから、『今年でもう終わり』って言えばいいんですけど、まだ無名塾という所帯を抱えてますからね。とりあえず二年先まで。八三のときに予定を組みましたから、八五まではやるということです。一応告知してチケットを買ってもらいますが、その前に倒れたらごめんなさいと」

＊74 日野原重明:一九一一年~。医師・医学博士。聖路加国際病院名誉院長。『生きかた上手』など著書も数多い。勲二等瑞宝章および文化勲章受章。

「それが、『肝っ玉おっ母と子供たち』[*75]！」

「はい。戦争中の最後の世代として、強烈な大反戦劇をやって締めくくりたいと思っていたんです」

「〝強烈な〟というところが気になりますね」

「舞台の中ではね、誰一人として『戦争反対』なんて言ってないんですよ。だからこそ、かえって観る人に判断を委ねられる作品です」

「〝肝っ玉おっ母〟ということは……女役ですか」

「はい。演出家（隆巴）の指示で（笑）。あえて男が演じることで、戦争を恨みつつも、したたかにたくましく生きていく〝肝っ玉おっ母〟アンナの力強さを表現したかったのかもしれません」

「役者人生の集大成としての舞台ですね。楽しみです。ところで、先ほどその歳なりの役があるということでしたが、『日本の悲劇』などの作品を観ていると、役柄の年齢設定ということだけではなく、歳を重ねたからこそ滲み出る仲代さんの魅力を感じるのですが」

「まあ、今までいろんな文学作品や戯曲、シナリオで、多くの役を演じてきましたが、そのとき常に考えていたのは『もし自分だったらどうするか』。役柄によっては自分に全く関係のない、感覚的にわからないものもありますからね。そんなとき、〝もしも〟、つまり〝if〟っていう視点から想像力を働かせることが、役者修業で一番初めに教わったことなんです。この間は、〝永田町のドン〟……まさに巨悪の根源である政治家の役をやった(*76)んですけど、この役が最後まで謎めいててね。謎めくっていうのは一番やりにくいんですよ。逆に言えば何もしなくていいんですけどね(笑)。

　政治家や世界中の権力者っていうのは、善きにつけ悪しきにつけ大衆を引っ張っていくわけですから、本当のことばかり言ってられない。嘘つくんですよ。戦争を体験しているとなおさらそう思います。同じように役者も嘘つきでね。だって私がゴッホになるわけですから(笑)。そういう意味では政治家と役者は似ているところがあって、役者の場合、下手な演技

＊75『肝っ玉おっ母と子供たち』：ドイツの劇作家、ベルトルト・ブレヒト（一八九八〜一九五六年）による戯曲。無名塾では一九八八年、隆巴の演出で初演された。
＊76『巨悪は眠らせない 特捜検事の逆襲』（二〇一六年一〇月五日 テレビ東京系放映）

をしてもせいぜい途中で帰られるくらいですが、政治家の場合、人の命がかかってますからね。それも、一番に巻き込まれるのは庶民ですから。だから政治家の嘘はともかく、役者の嘘は許していただきたいと（笑）」

「人生経験を経ているからこそ、真実味のある虚構を生み出せるのかもしれません」

「八〇も過ぎますと、どんな役が来ても『ああ、俺にもこういうところあるな』って。そういうのを演じることは、ある意味自己暴露ですよね。安部公房さんの芝居にもあるんですが、一番の敵は自分。自分自身との戦いになるわけです。自分の持っている嫌な面をどこまで出せるか。役者っていうのは、人間の弱点とか、負の部分とか、悪の部分を出せるのがいいところで、人まで殺せるわけですから。そういう意味じゃ面白い商売かなと思いますけれども……ただ、今はもう何もしたくないですね。自然体で演じて、あとはお客さんに判断してもらおうと」

「仲代さんは、若い頃から脚本を読んで気に入った作品にしか出演しなかったようですが、それは今も変わらない……」

「そうですね。基本的には変わりません。まあ、お金が欲しいときはどうしようかなと思いますけど。アハハハハ。それにね、今はそんなに話は来ませんし、もう一度に何本もできないからね。でも、食うや食わずにいるときから、作品として面白くない、と思ったら、主役の話が来ても断っていたわけですが、それがかえってよかったんですね。そのときマネージャーだった佐藤さんが『変わったやつだな』ということで、いい本が来ると『うちに隠し玉がいて……』って紹介してくれるようになったんです。

最近、小林政広監督で、『海辺のリア』という作品を撮り終えました。これがね、昔、大スターだったっていう役なの（笑）。まあぼくは大スターじゃないけど、そういう意味では非常に個人的な作品になりました。昔、姥捨山っていうのがあったでしょう。今は医療が発達したのか何なのか、みんな長生きになって、いちおう高齢者を大事にしなきゃいけないって風潮があるけど、本当はどうなんだかね……まあ、自分ではとても気に入っている作品なので、よかったら観てください」

「小林政広監督の作品は『春との旅』（二〇一〇年）、『日本の悲劇』を経て三作目ですね。小林監督の作品は仲代さんにとってはどのようなものでしょうか」

「私は好きですね。それはね、小林さんの作品は常にオリジナルなんですよ。『人間の條件』のような作品もいいんですが、映画の基本はやっぱりオリジナルだと思うんですよね。黒澤さんも、何人もシナリオライターを付けて、時間をかけてオリジナルの作品を作っていましたから。

原作がベストセラーだと、何百万って人が読んでるわけでしょう。だからそれぞれのイメージができてしまって、私がやっても、『違う、そうじゃない』ってなるわけです。もちろんいいって言ってくれる人もいますけど、先にある程度イメージを与えてしまったものをやるのは、なかなか難しいですよ。その点でオリジナルの作品は、まっさらな状態で観てもらえますからね。まあ、芝居の場合、シェークスピアとかの古典では、客の抱いているイメージを裏切ってもいいんじゃないかとは思いますが」

「時代に合わせ、新たな境地を開くのも面白そうですね」

「例えば『ハムレット』とか有名な作品をやったときに、お客さんの拍手には二通りあって、一つはお客さんの予想通りにやったとき。もう一つは、逆に予想を裏切って、『えーっ！　こういうやり方あるの？』って思わせたときなんですよね」

「伝統芸能でも似たようなところがある気がします。ところで、映画と芝居との違いは何なのでしょう」

「映画は〝映像〟を通してのリアリズムを大切にしていますが、舞台はあくまでも虚構の世界。能狂言や歌舞伎もそうですが、日常ではしないようなメーキャップをして、派手な衣装を着て役になりきります。たとえささやくセリフでも、観客に届くようにそれなりに大きな声を出すわけですが、舞台上では違和感なく聞こえますよね。つまり、映像とはまた違ったリアリズムがあるわけです。あと、映画の場合は作品になったものを自分で観られますよね。まあ見返すと、ほとんどの作品でがっかりするんですけど。その点、芝居はいいですよ（笑）」

「逆に、芝居では自分を客観視できないという点ではどうでしょうか」

「五〇を過ぎてくらいからね、舞台に立つともう一人の仲代達矢がいて、いろいろ指示してくるんです。『そうじゃない、そうじゃない、こうだ！』って」

「演じているときにですか」

「そう、やってるときに頭のところにね、いるんですよ。意地悪なやつがね」

「批評家のような感じなのでしょうか」

「批評家より厳しいですよ。だって自分ではこうやろうと思っていても、技術的にできないっていうところを突いてくるんだから。ほんとはこういう声を出さなきゃいけないのに、こうやって動きたいのに、右足から出たかったのに左足から出ちゃうとかね。まあ、相手が下手くそだと、こっちも下手になっちゃうっていうのはありますけど。だから……なるたけ上手い人とやりたいですよね（笑）」

「そんなこと仲代さんに言われたら、相手役の方もプレッシャーですね」

「若い頃、山田五十鈴(*77)さんと共演した時にね。『仲代さん、自分のセリフより、相手のセリフをまず覚えなさい』と言われたんです。私たちの世代の役者は、人のセリフまで全部覚えたんですよ。それくらい一本の作品に集中した。今の役者はみんな、五冊くらい台本抱えてるからそんなことはできませんよね。

　だから、〝俳優道〟というのがあるんだったら、やっぱりそれに徹しなきゃいけないと思うんですけど、それは売れるかどうかとはまた別ですからね。俳優はいつも指をくわえてチャンスを待ってるような商売ですから。科学的な面では非常に便利な世の中にはなったけど、俳優に限らずいろんな商売で〝道〟っていうものはあるし、そういうものを深く考えることがあってもいいんじゃないかと思うんですよ。そんなこと若いのに言うと、ああ、ジジイがまたなんか言ってるって……我々も昔ジジイに叱られてそう思ってたからね（笑）」

「最後に、仲代さんは、六〇年以上役者を続けてこられたわけですが、途中、嫌になってやめたいと思ったことはありませんか」

「嫌になるというか……好きでやったことは一度もありませんよ、アハハハ。高校も夜間部だし大学も出ていないしで、結局学歴の関係ない役者になったわけですけど、食うために仕方なくなったようなものですよ。前にも言った通り、三歳まで言葉を発さなかったような地味な性格ですから。

嫌な商売ですよ、本当に……特に新しい芝居に出るときの初日なんか、舞台に一歩出る寸

＊77　山田五十鈴：一九一七〜二〇一二年。女優。一九三〇年『剣を越えて』でデビュー。日活時代劇で娘役として人気を集め、その後も舞台や映画、テレビで活躍した。代表作『祇園の姉妹』『猫と庄造と二人のをんな』『蜘蛛巣城』など。

前まで……たとえ一所懸命稽古したとしても、こんな怖いものはありません。先ほどの山田五十鈴さんが、ある舞台の初日に『あー、劇場が焼けないかしら!』って。あれほどの大女優でも、初めてお客の前に身を晒すときはそんな心境ですよ。たまに『楽しい』なんて言うやつがいるけど、ぼくはとてもそう思えないね(笑)。まあ、しばらくやってるうちに競争が激しくなってきて、やっぱり競争には勝って出ないとしようがないと思って、人の十倍や二十倍は努力したのですが……」

「では、闘争心に駆り立てられた部分があったと」

「それはありましたね。何というか……子どもの頃、小学校が四回替わったこともあり、いじめられたんですよね。それでめそめそ泣いて家に帰ると、おふくろが『どこで殴られたんだ』と。それで誰それにって言うとそこの家に殴り込みかけるんですよ(笑)」

「肝っ玉おっ母ですね!」

「父親はすでに亡くなっていたので、男親の代わりもしてたんですね。今も、子どもがいじめられたら親はそれくらいの勢いがあっていいと思いますよ。まあ、あんまり殴り込みに行くものだから言わないようになっちゃいましたが……。そういったことからも、我慢強さと闘争心が育っていったのでしょう」

「さらに戦争の経験があって」

「役者という商売が向いてないことはよくわかっていましたから、必死で自分を向いてるように向いてるようにと仕向け……。戦争で空襲や飢えも経験していますから、生きようとする力があったんでしょうね。で、一九歳から役者になって運よく映画にも出られるようになりましたけど、神様が『ああ、こいつはかわいそうだ。楽にしてやろう』としてくれたんじゃないでしょうか（笑）」

「奥様と一緒に作品を作り上げてきた、ということも大きかったのではないですか」

「そうですね。彼女は人間としてのぼく、役者としてのぼくを一番わかっていたと思います。彼女は結婚するときに女優をやめましたが、『私、一所懸命やっても仲代さんにかなわないんじゃないかと思ってやめたの』ってちょっと言ったことがあるんですよ。嘘か本当かわかりませんけれども。

その後、無名塾を立ち上げて彼女の演出でいろいろやってきたわけですが、そういう意味ではいい相棒だったですね。だから、彼女がいなかったらここまで来られたかどうか……繰り返しになりますが、いい作品に出合い、いい監督に出会い……人の出会いに助けられて今までどうにか現役の役者としてやってこられたんだなあと、本当につくづく思います。でもやっぱり、向いてないですけどね（笑）」

無名塾稽古場でインタビュアーと。

写真提供：無名塾（P6～8、P16、P30、P44～46、P60、P78、P81、P94、P98～104、P106、P158）
※掲載した写真に関し、撮影者もしくは著作権継承者に掲載許諾の確認を行いましたが、連絡先の不明な方がいらっしゃいました。心当たりの方は編集部までご連絡ください。

小山祐士『黄色い波』より（1961年・演出：千田是也）
画：宮崎恭子

※本書編集にあたり、ご協力いただいた方々・団体に厚く御礼申し上げます。
梶山弘子、黒澤プロダクション、無名塾、モンキータウンプロダクション、若尾弓（敬称略・五十音順）

仲代達矢（なかだい・たつや）
1932年東京都生まれ。1952年、俳優座演劇研究所付属俳優養成所に4期生として入所。以後、『どん底』『リチャード三世』などで芸術選奨文部大臣賞、毎日芸術賞、紀伊國屋演劇賞、読売演劇大賞ほか数々の賞を受賞。映画界では黒澤明や小林正樹、岡本喜八、市川崑、五社英雄など日本を代表する監督の作品に多数出演。国内外の賞を数多く受賞した。1975年には、私塾「無名塾」を妻・宮崎恭子（女優・脚本家・演出家）とともに設立。今なお次代を担う俳優を数多く育成している。2007年文化功労者。勲四等旭日小綬章、川喜多賞、朝日賞など受章・受賞多数。2015年文化勲章受章。

坂梨直子（さかなし・なおこ）— Interview & Text —
1973年東京都生まれ。二松学舎大学文学部中国文学科卒業。会社員・フリーターとして数多くの職種を経験した後、2005年よりライター業に入る。2014年株式会社サンポスト入社。プライベートでは富島健夫研究会世話人を務める。

参考文献
仲代達矢『未完。』（2014年・KADOKAWA）
春日太一『仲代達矢が語る 日本映画黄金時代』（2013年・PHP新書）
仲代達矢『遺し書き 仲代達矢自伝』（2010年・中公文庫）

The Interviews
役者なんかおやめなさい

2017年3月31日　初版　第1刷発行

著　者　仲代達矢
インタビュー　坂梨直子
発行人　笠井順雄
企画・構成　前田敏之
装　丁　柳谷和志
発　行　株式会社サンポスト
〒107-0052
東京都港区赤坂3-10-2 赤坂コマースビル
Tel：03-3586-2701／Fax：03-3584-6999
URL：www.sunpost.co.jp
発　売　株式会社コスモの本
〒167-0053
東京都杉並区西荻南3-17-16　加藤ビル202
Tel：03-5336-9668／Fax：03-5336-9670
D T P　株式会社サンポスト
編集協力　有限会社ディークリエイト（西垣成雄・宮崎守正）
印刷・製本　株式会社ダイトー

ISBN978-4-86485-032-2

「ザ・インタビューズ」シリーズ　刊行にあたって

今、わが国は出口の見えない迷宮に足を踏み入れているように思えます。社会に広がる閉塞感は、日々われわれの心を圧迫しています。そんなときだからこそ、素敵に齢を重ねた方々とちょっとお茶呑み話を、という意図でこのシリーズを企画しました。インタビュアーとの対話形式で展開するあれこれ。ご愛読いただければ幸いです。

2015年6月　サンポスト編集制作部　前田敏之